門川徹真著

『教行信証』の書誌学的研究

永田文昌堂

はじめに

『教行信証』について書誌学的な視点からの研究は江戸時代より今日に至るまで、多くの先学によって論じられてきたのだが、未だに全容が明らかになったとはいえない。これまでの研究の多くは当然のこととはいえ諸本ある中でも宗祖唯一の真筆である坂東本を中心として論じられてきたかと思われる。

本稿も坂東本の成立過程を明らかにすることをその中心課題として本文に加えて訓点についても、ほぼ諸本間の校異の全容を把握することにつとめた。しかしながら一個の人間の限界を痛切に感じることは禁じえない。

ここではいくつかの視点に集約して付篇として本文及び訓点の校異を示すこととした。坂東本、西本願寺本、専修寺本の主要三本の特徴を明らかにせんと努めたのだが、特に坂東本の初稿から完成に至るまでの成立過程を明らかにすることを中心課題としている。

関東在住中の宗祖五十代の初め頃に書かれたと思われる原初の『教行信証』を受けて、帰洛後に改定が加えられて七十五歳を過ぎて坂東本が成立したと思われる。

更にその後も八十代に入ってからも晩年に至るまで墨筆、朱筆による改定がなされて現行の坂東本が完成したと考えられ、ここに宗祖畢生の主著の完成といえよう。

その間に加えられた改定は本文だけではなく、訓点にもより多く加えられていてその全容を示すまでには至らないが、その限られた部分だけでも示してみたい。

加えて専修寺本が坂東本に加えて注目されるべき一本と思われ、『教行信証』初稿本のあり方を伝えているものと考える。

以下鎌倉時代の三本校異の結果にとどまらず、存如・蓮如書写本や佛光寺本についても出来るだけ留意した上で、前篇は本文を中心に、後篇は訓点を中心として、初稿本から改定本への成立過程を示すこととする。

なお本稿の前篇についてはかって平成二十五年六月に開催された真宗連合学会において研究発表した論文をベースにしたものであるのだが、その後更に研究を進めた成果を加えて書き改めたものである。

特に四の異体字の特色を述べる中で、当初は無无を問題としてきたが、その後宗祖晩年の異体字の特色である旡を加えて、無无旡の三字について論ずることとなった。その結果は本文中に示す通り坂東本に見られる丁の差し換え部分のあることが知られるに至った。

七の広略二本の前後関係についても後篇に述べる訓点の校異を問題とする中において、略前広後説が正しいのではと考えることとなった。これは訓点中の敬語表現に着目した成果かと思われる。

訓点の校合については研究発表後に新たに取り組んだもので、今回の出版に際して書き起こしたものである。

目 次

後篇　諸本訓点の校異を中心として

付篇　『教行信証』本文及び訓点校異抄出

『教行信証』の書誌学的研究

前篇　諸本本文の校異を中心として

一、諸本の相互関係

『教行信証』の現存する諸本の中の主なものとしては、宗祖真筆の坂東本に加えて西本願寺本と専修寺本の他に存如・蓮如書写本がよく知られている。ここでは新たに室町時代の写本とされる佛光寺本を加えて、これらの諸本を校合することによってこれらの相互関係を明らかにした上で、『教行信証』の成立時期を明らかにして、加えて坂東本に見る改定のあとを示そうとするものである。

まずはそこに至る手懸りとして既に刊行されている諸本の校異本を照合することからはじめたが、その際に参考としたのが以下の四本である。

①昭和十六年刊『真宗聖教全書』二

②昭和四十二年刊『教行信証』（西本願寺　勧学寮編纂）

③昭和六十五年刊『浄土真宗聖典』校異本（西本願寺出版部）
④平成二十三年刊『浄土真宗聖典全書』二　宗祖篇上（西本願寺教学伝道研究センター編纂）
（以下センター本と示す）

初めの三本はいずれも西本願寺本を底本としているが、④のセンター本は坂東本を底本としたもので、ここではこれを基本として校異結果を統合した上で、それぞれの影印本との照合を重ねて確認につとめた。ただ存如・蓮如書写本については影印本を見ることが出来なかったために先の四本の校異を参照とした。これと同系統の一本と考えられる佛光寺本については写真データによって新たに校合することとなった。

これら諸本校合の際に底本としたのはセンター本なのであるが、その本文については坂東本を忠実に覆刻されているものの、漢字字体についてはその編集方針からか坂東本に見る宗祖の字体と全同という訳ではない。

更に平成二十四年十二月に東本願寺から刊行された『教行信証』三冊本も合わせて参照したのが、これも字体については坂東本に忠実とはいえない。例えば宗祖独自の無无无の三字については全て無の字として統一されている。この漢字字体をめぐる問題については後述することとしたい。

先の五本の本文校合結果から確認されたのは、本文にかかわる異同が七〇九例見出され、字体にかかわる異同については二三二二例を認めることが出来た。これらの異同結果を総合してみると、

『教行信証』には初稿本、改定本、清書本との三系統の本があることが知られ、これら諸本の関係は次の如くである。

一、初稿本→尊蓮・専海・真仏書写＝C専修寺本
二、初稿本→改定本＝A坂東本→B西本願寺本
三、坂東本→清書本→D存如・蓮如書写本、E佛光寺本、存覚『六要鈔』依用本など（以下説明を簡略にするためにABC三本などとアルファベットを適宜用いることとする。）

さて坂東本が初稿本ではなく書写本であることについては早くから赤松俊秀氏によって指摘がなされていて、(1) 小川貫弌氏をこれに同意している。(2) この指摘は書写本でなければ起こりえない本文の脱落箇所が見られたからであり、今回この指摘の正しかったことが確認されたといえよう。しかし同じ論文において赤松氏は専修寺本は坂東本の書写本であろうとも述べている。五十年以上も前のことであり、当時は未だ専修寺本の影印本が公にされていなかった訳だから止むを得なかったと思われる。とはいえ影印本が公刊された後も解説書などにも専修本が坂東本の書写本であるとの記述がある。

本稿においては専修寺本が坂東本の書写本ではなく、それ以前にあった初稿本の書写本であることを明らかにしたいと思う。

論を進めるに当って諸本校合の結果から導かれる概要について列記しておきたい。

一、諸本の相互関係

一、坂東本は帰洛後に宗祖自身によって関東在住中に書かれた初稿本を書写されたものであり、七十五歳以後に現行本に近いものとなったと思われ、その後も晩年に至るまで加筆訂正がなされている。前五巻と化身土巻については成立事情が大きく異なっていて、化身土巻末には関東在住中の初稿本が一部転用されている所がある。

二、西本願寺本は坂東本をほぼ忠実に書写されているのだが、部分的には坂東本によらずに専修寺本によっていると思われる所があり、イマ本として示す校異はこれによるものである。

三、専修寺本は坂東本を書写したものではなく、それに先行してあった初稿本を書写したものである。この初稿本は宗祖七十五歳の時に門弟尊蓮に書写を許され、その後も専海、真仏へと転写が重ねられている。

四、清書本は坂東本においては上欄註記されている細注を本文中に割注として清書したもので、たった一例ではあるが、坂東本には見られない割注が加えられている。江戸時代には八冊本などとして広く流布しており、存覚の『六要鈔』はこの系統のものを底本として書かれている。

二、専修寺本は初稿本の写本

それではいよいよここから専修本が坂東本を書写したものではない例証を示すこととする。以下必要に応じてABCDEなどとアルファベットを用いて諸本を示すこととする。（ ）内の数字はセンター本における頁数行数を示している。

一、AC二本間の大きな異同

①A浄土眞實之行、選擇本願之行――C眞實之行（一四）

②A衆生――C不捨（四四1）

③A身――C腹腹（一〇七-4）〔大正蔵経一二・四七四C腹〕

④A無辜――C无過咎（一〇八6）

⑤A加羅鳩駄迦旃延　名尼乾陀若犍子――C名尼犍陀若犍子　加羅鳩駄迦旃延（一一二-3）

⑥A乘――C義（二例）（一四七-1）

⑦A愁歎――C生死（一七八3）

①は行巻首題の前にある標挙の文であるが、坂東本では「諸佛稱名之願」の下に「浄土眞實之行」と「選擇本願之行」が二行に並記されている。専修寺本では「眞實之行」とのみあって、題号の前の大切な標挙の文を省略して書写するとは考え難い。初稿本に準拠したものと考えるべきである。

⑤は信巻で『涅槃経』を引文する中にあって、宗祖が独自に経文中の六人の大臣と外道師名を列記したものであり、この六行は私釈と考えるべきであろう。その一行目は「大臣名日月稱」から始

っているが、原典には「名曰月稱」とあり[3]大臣名は「月稱」とあるのを「日月稱」として、曰を日と誤写した結果と思われる。初稿本をうけてＡＣ二本共に誤っていることがわかる。更に⑤ではＡ本において大臣名と外道師名が逆転していることになる。『見聞集』中の経文ではＣ本と同順である所から初稿本も同じであったと考えられる。この初稿本を誤写した結果が坂東本に反映されているといえる。

②③④⑥⑦については宗祖が書写に際して改定を加えられたと思われる。

二、初稿本欠字の所をＡ本補記

①Ａ以菩薩摩訶薩（上欄補記）――Ｃナシ（八四-5）

②Ａ報謝至徳（右傍補記）――Ｃナシ（二一〇7）

③Ａ所以敬天下（上欄補記）――Ｃナシ（二四七5）

④Ａ往來之所作（右傍補記）――Ｃナシ（二四七7）

三、初稿本で欠字の所をＡ本加筆訂正

①Ａ回不回向對――Ｃナシ（「回不歟」と右傍註記）（五七-5）

②Ａ若能愛樂――Ｃナシ（「若イ本ニアリ」と上欄註記）（八七6）

③Ａ王今貪醉――Ｃナシ（一一七1）

④Ａ幻作種種――Ｃナシ（一一七2）

⑤A旃檀樹者。——Cナシ（二一八-3）

二と三の例は初稿本において欠字となっていた所を、坂東本書写に際して補記又は加筆によって訂正がなされたものと思われる。

四、初稿本において誤字であった所をA本では訂正された例（C本では後にA本と校合の上でイ本注記が加えられている。）

①A大法。——C海（「法」と上欄註記）（二一6）
②A威儀。——C議（「儀ィ」と上欄註記）（二二-3）
③A回心起行。——C向（「心ィ」と上欄註記）（三五6）
④A不思議。——C識（「議ィ」と上欄註記）（四六4）
⑤A多足。——C即（「足ィ」と右傍註記）（四七4）
⑥A利他。——C多（「他歟」と上欄註記）（五二-6）
⑦A論註。——C主（「註ィ」と上欄註記）（八七-6）
⑧A果得。——C得（「徳ィ」と上欄註記）（九〇5）
⑨A愚智。——C智（知を智に改め「智ト也」と上欄註記）（九二-6）
⑩A解説。——C脱（「説ィ」と上欄註記）（九四7）
⑪A彼土。——C上（「土」と左傍註記）（一〇四5）

⑫A崛駕。——C屈加爲（「駕ィ」と左傍註記）（一〇六-1）
⑬A答言。——C益（「答」と左傍註記）（一〇七1）
⑭A特見。——C持（「特」と左傍註記）（一〇八6）
⑮A諸結。——C果（「或本結字也」と上欄註記）（一二〇4）
⑯A苦樂。——C若樂（「苦樂歟」と上欄註記）（一三五7）
⑰A勒菓。——C⿱罒果（「菓ィ」と右傍註記）（一六九2）
⑱A眞寶。——C實（「寶ィ」と上欄註記）（二一六4）
⑲A眞寶。——C實（「寶」と上欄註記）（二一六6）
⑳A漸減。——C减（「減」と上欄註記）（二一八3）
㉑A第一。——C等（「第ィ本」と上欄註記）（二二二-5）
㉒A線訶。——C綽（「線歟」と上欄註記）（二二九1）
㉓A解説。——C脱（「説」と上欄註記）（二三五6）
㉔A清虚。——C慮（「虚ィ」と左傍註記）（二四七-6）
㉕A河池。——C何（「河ィ」と左傍註記）（二四八4）
㉖A兵才。——C丘（「兵ィ」と上欄註記）（二五〇1）

これらの例から言えることは、専修寺本が坂東本を書写したものではなく、初稿本の誤字をそのままに書写したのか、あるいは転写の際に誤字が発生したものと思われ、同じ初稿本を写した坂東本では改訂が行われたことによって異同が生じるに至ったと考える。この異同を専修寺本では坂東本と校合してイ本註記を加えて訂正をはかったことになる。

こうした異同の他にもAC二本が大きく異なっている所がある。

坂東本においては細注が随所に加えられていて、合計一三六例を数えることが出来る。これらの中には初稿本において既にあったものと、坂東本書写の後に新たに加えられたものとがある。初稿本において既にあった細注については諸本に共通して伝えられているのだが、坂東本において上欄註記として加筆されたものは専修寺本にはなく、これらは三〇例見出される。

ちなみに細注については西本願寺本では坂東本をうけて上欄註記として忠実に書写されており、清書本系統の諸本では欄外ではなくて本文中に割注として示されているのが大きな特色となっている。

ただ専修寺本においては本来は細注として小文字で書かれているものが大文字化つまり本文として伝えるものが四例見出される。行巻に「曇無讖三藏訳」（一九4）とある細注と、信巻末に「箭出毒除」（一二一七-5）に続く細注とは専修寺本のみならず西本願寺本においても大文字化されている。

更に「必言」（三六3）に加えられた細注「審也然也分極也」とあるのと、少しあとの『稱讃淨土經』に加えられた細注「釋法照」（三六-2）とある二例については、専修寺本のみにおいて本文と同列のものとして大文字で書写されている。

一方では坂東本で上欄註記として加筆された細注が専修寺本においても上欄註記されているのが四例ある。

①ABC蓋上衍衍字口且反樂也（二六2）

②ABC欲生之心是也廿願也（一九九3）

③ABC果遂之誓此果遂之願者廿願也（二〇一2）

④ABC大悲弘弘字智昇法師「懺儀」文也（二〇九4）

これらは坂東本において加筆されたものが専修寺本においてもこれをうけて書き加えられたと思われる。

続いて専修寺本が初稿本の書写であることの例証を別の面から示してみたい。

三、言曰云の用法区別

坂東本においては経論釈の文を引用するに当って言曰云の三字によって区別されていることについては早くから指摘されてきた。この用法区別の方針は初稿本においてもあったと思われ、これを書写した専修寺本と坂東本を校合をしてみると、全六巻を通して三八四例が見出される中で、この方針に適合しない例が坂東本には七例、専修寺本においては二二例が見出された。全体例からいえば坂東本では一・八パーセント、専修寺本では五・七パーセントということになる。この観点からも坂東本の方がより成熟度が高いと思われる。

これに類する漢字の用法区別については先例があって、中国においては古くから行われたことが指摘されている。それによれば『詩経』を引くに当っては云が、それ以外の文典を引くに際しては曰が用いられた例がある。(4)

我が国においても古く溯れば『日本書紀』においては言曰云をはっきりとした自覚的な用法区別がなされていて、『古事記』においても曰に対して云は補助的用語という区別が見出されている。(5)平安時代中期に成立した辞書である『和名類聚抄』においては曰と云が、それぞれ人名と書名とに区別されていて、(6)宗祖はこうした先例を認識した上で、独自の用法を確立されたものと考える。

ＡＣ二本の校合結果から、用法区別に合致しない例を示すと次の如くである。

まずＡＣ二本に共通して合致しない例を示してみたい。

①ＡＣ故宗師（禮讃）言（私釈文）（四九7）

②ＡＣ宗師釈（論註）言（私釈文）（六〇1）

③ＡＣ又（論註）言（一三五-5）

④ＡＣ又（論註）言。（一三八1）

⑤ＡＣ尚難成故（定善義）言〜誠難獲故（定善義）言。（私釈文）（一九六-7）

⑥ＡＣ提頭頼吒天王護持品（大集経）云。（二三八4）

次にＡＣ二本で異っているのが一五例ある。

①又（十住論）Ａ云——Ｃ言（二三1）

②又（安樂集）Ａ云——Ｃ曰（三一3）

③又（禮讃）Ａ云——Ｃ言（三二-3）

④又（述文賛）Ａ云——Ｃ言（四〇7）

⑤『安樂集』Ａ云——Ｃ言（五〇-1）

⑥『涅槃經』Ａ言——Ｃ云（五四-4）

⑦又（序分義）Ａ云——Ｃ言（七〇-4）

⑧光明寺和尚（散善義）Ａ云——Ｃ言（八二2）

⑨又（涅槃経）Ａ言——Ｃ云（八五4）

⑩『大本』（大経）Ａ言——Ｃ云（九七3）

⑪又（大経）Ａ言——Ｃ云（九七4）

⑫又（大経）Ａ言——Ｃ云（九七6）

⑬又（法事讃）A云――C言（一〇四-6）

⑭又（論註）A云――C言（一七〇-7）

⑮又（如来會）A言――C云（一八六-5）

これらの例はいずれも初稿本を書写した専修寺本と、同じ初稿本を書写するに当って改訂が加えられた坂東本との異同結果となっているといえる。

ただこうした改訂のあり方にも違いがあることについて留意する必要がある。

坂東本の化身土巻末には巻子本がそのまま転用されている部分があって、この経緯については後述するとして、この部分は筆蹟や字体の特徴からいっても初稿本をそのままと見られる所がある。この転用部分では当初は云と書かれた所を言と上から重ね書きをして改訂されているのが七例あり、ただ一例だけは改訂もれとなっている。前々に列挙した⑥の事例がそれである。

こうした上書訂記の例は化身土巻本にもあって「又（大経）言」（一八五-3）について云を言と改められている。しかしこの場合は朱筆によるものである所から、初稿本の改訂とは時期が異なるかと思われる。

坂東本に見られる上書訂記の例は別の字についても用例があって、証巻一、真仏土巻四、化身土巻本一一、同末二〇の合計三六例に及んでいる。前五巻には五例に限られているのに対して、化身土巻には三一例があり、更に巻子本転用部分に限定すれば一五例を見る。このことから初稿本においては上書訂記が多用され、前五巻ではこれと異なる改訂方法が用いられていることがわかる。

四、坂東本に見る異体字の特色

次いで坂東本に見られる字体に基づく前五巻と初稿本転用部分との異相性を明らかにしてみたい。

字体にかかわる諸本間の異同については先述の如く二三二二例に及ぶ多数が見出されたが、その中で無无旡の三字にかかわるものが半数近くの一〇八四例に達している。

ここで『教行信証』を中心として、宗祖五十代及び六十代の著作を加えて、そこに見る無无旡の使用頻度を一覧表として示してみたい。なお教巻については欠損部分を除いて真蹟本に確認のとれ

聖　典	無	无	旡	合計
教巻	9	0	0	9
私釈	1	0	0	1
行巻	24	147	70	241
私釈	5	34	8	47
信巻本	12	104	20	136
私釈	2	35	3	40
信巻末	16	36	137	189
私釈	1	5	5	11
証巻	1	103	0	104
私釈	0	6	0	6
真仏土巻	6	193	10	209
私釈	0	7	2	9
化身土巻本	59	57	0	116
私釈	6	12	0	18
化身土巻末	63	18	0	81
私釈	1	2	0	3
全巻	190	658	237	1085
私釈	16	101	18	135
前五巻	68	583	237	888
私釈	9	101	18	128
化身土巻	122	75	0	197
私釈	7	14	0	21
巻子本転用部	32	3	0	35
私釈	0	0	0	0
道綽禅師略伝	2	0	0	2
烏龍山師并屠児宝蔵伝	3	0	0	3
信微上人御釈	19	8	0	27
涅槃経要文	83	18	0	101
見聞集・涅槃経	4	58	0	62
見聞集・法事讃	0	51	0	51

る例のみに限定することとする。

この一覧表を総括してみると、無の使用頻度が前五巻を合わせて六八例（七・七パーセント）であるのに対して、化身土巻では一二二例（六一・九パーセント）にもなり、更に巻子本転用部分に限ってみると三二例（九一パーセント）に及んでいる。無无旡の使用に当っては引用原典に左右されることは言うまでもないが、私釈の部分に限ってみても前五巻と化身土巻では明らかに異っている。

同じく无についてみると前五巻合計五八三例（六五・七パーセント）、化身土巻七五例（三八パーセント）、巻子本転用部分三例（八・五パーセント）となる。

更に旡についてみると前五巻合計二三七例（二六・七パーセント）であるのに対して、化身土巻では皆無である。

旡については宗祖が八十歳以後になって多用された独自の字体といってよく、かな聖教について調査してもほぼ旡で統一されていることになる。

宗祖五十代の著作では主として無が多用されているのに対し、六十代七十代では无が多用されることとなり、八十代に入っては旡が主として用いられたといえよう。

宗祖聖教に見るかなづかいが他に例を見ない独自のものであることについてはかねてより注目されてきたのだが[7]、漢字字体についても晩年になるに従って无から旡の使用頻度が大きくなっていることがわかる。

無无の使用頻度について五十代の著作を中心として調査を進めてみると、『道綽禅師略傳』『烏龍山師并屠児寶藏傳』『信微上人御釋』の三本においては无八に対して無二四となっており、无の使用頻度は二五パーセントにすぎない。巻子本転用部分に限っても无三に対して無三二となっていて无は一割にも満たない。

続いて五十代の著作と考えられている『涅槃経要文』と六十代の著作とされる『見聞集』についても考えてみたい。この二本についても調査してみると、前者においては无一八に対して無八三となっており、後者にあっては无五八に対して無四となって逆転している。前者は北本系、後者は南本系の『涅槃経』が原典となって引文されている。これらを『教行信証』に引かれた『涅槃経』文と重なる部分について校合してみると、北本系によく一致していて南本系の経文との間には大きな異同が見られる。

信巻末に引かれる『涅槃経』の文に次の一文がある。

又涅槃者名爲洲渚。何以故。四大暴河不能漂故。何爲四、一者欲暴、二者有暴、三者見慕、四无明暴。是故涅槃名爲洲渚。（九八2）

これは『要文』にも見られるが、ここでは「何等爲四乃至」として引文が打ち切られ、「一者欲暴」以下の文はない。このことからいえるのは、初稿本における引文が先にあって、『要文』はこれより後に引かれたことである。

更に真仏土巻に引かれる『涅槃経』文についても「善男子如來」（一六四4）から長文にわたっている。この引文が『要文』においては前の一部を省略して、「迦葉菩薩白佛言」からはじまって「故名如來知清根力乃至略抄」（九三九-7〜九四〇6）として引文が終わっている。真仏土巻には『要文』より長く引文されていることになる。

『見聞集』中の『涅槃経』についてみても『教行信証』引用のものとの間に分量の出入りがあって、これは帰洛後に書かれたといえる。

関東在住中に書かれた『要文』と帰洛後に初稿本を書写された坂東本の間にも無无旡の字体異同が見られる。

①一切衆生無興等者（九二二7）――A无（一六九-4）

②無量世都無利益（九三九-2）――A无（一六五7）

関東在住中の著作には無が多用されているのに対して、帰洛後の著作については『見聞集』にも見られる如く无が多用されている。この傾向は坂東本の前五巻においてより顕著となっていて、无の使用が九割以上となる。その前五巻の中でも証巻、真仏土巻ではほとんど无が用いられている。

同じ坂東本にあっても化身土巻、特に巻子本転用部分においては無が九割以上にわたって用いられており、それ以外の化身土巻にあっても無が半数以上となっていることは、関東在住中の著作の特徴を残しているといえる。

前五巻については新たに改定を加えつつ、その字体も帰洛後の特徴を示しているといえる。

更に調査を進めてみると坂東本においてそれまでの無无の二字ではなくて、无の字に統一して書き改められた部分のあることが明らかとなった。これらの部分は恐らくは八十代の半ば頃に書き改めて、丁（表裏）の差し換えが行われたと思われる。これらの部分では当然のことながら、筆蹟についてもその前後の部分とは明らかに異っている。

そうした部分については『親鸞聖人真蹟集成』にもとづいて、差し換えられたと思われる部分の頁数を示してみたい。

○教巻　一丁半（19～22）　欠損部分については確認は出来ないが、恐らくは教巻全体にわたって无の字を用いて書き改められたのではと思われる。

○行巻　十三丁（25～50）一丁（121～122）二丁（127～130）

○信巻本　二丁（159～162）三丁（205～210）一丁（217～218）四丁（223～230）

○信巻末　三八丁（231～306）

○真仏土巻　一丁（398）二丁（425～428）二丁（435～438）

欠損部分はさしおくとしても、確認の出来る部分に限ってみると、教巻一丁半、行巻十六丁、信巻本十丁、信巻末三八丁、真仏土巻五丁、合計七十丁半となる。

他に恐らくは旡が用いられたと思われる部分を含めると、少し増えることになる。こうした丁の差し換えが行われた結果として、半丁三行、四行といった丁が生じることとなっている。証巻、化身土巻では旡の字が確認出来ない所から、その本文については七十五歳頃までには書かれたそのままを伝えている可能性が大きい。

それでは宗祖が何故に晩年になってこのような丁の差し換えを行わねばならなかったのか、その改訂の意図は何であったかを考える必要がある。その一由として訓点中の敬語表現がかかわっているかと思われ、後篇において示すこととする。

異体字の問題についてはこれまでに述べた以外にも見ることが出来る。

まず「阿修羅」の語について坂東本で調べてみると一〇例が見出される。この内で巻子本転用部分に限っては、『日蔵経』引文中の四例（二二二-7・-5）（二二三7・-7）と『大集經』引文中の二例（二三三1・5）を合わせた六例については脩の字が用いられている。

一方前五巻においては行巻（五一7）証巻（一五一-6）の二例はいずれも『論註』の引文、真仏土巻（一五七2）は『如来會』の引文、化身土巻末（二四九-4）は『辯正論』の引文中の四例はいずれも修が用いられている。原典に左右されることを考えても脩は初稿本転用部分に限られる。

更には障鄣の文字についても前五巻では鄣四九例、障二例となっている。しかし化身土巻本では鄣六例、同末においては鄣四例、障三例となる。初稿本では障が用いられていたものの、前五巻になると鄣が多用され、「三帖和讃」などでも同じ傾向が見られる。

この他厭猒についても全巻を通して厭一四例に対して、猒二例は巻子本転用部分に限られている。彎率についても全巻で彎四例に対して、率五例はやはり巻子本転用部分に限られている。

こうしてみると坂東本における異体字の特徴については、関東在住中の著作と帰洛後の著作との間には、無↓无↓旡、障↓鄣、猒↓厭、率↓彎といった字体の変化が見られている。これは環境あるいは心境の変化によるものであろうか。

ところで宗祖の異体字の特徴について論じたものの中に次の一文がある。(8)

親鸞が古字・異体を好んだことは、くわしくいわなくても彼の新宗教の旗印しともいうべき名号をみれば容易にわかる。八字名号・十字名号の僅かな字数の中で「无㝵光」三字が異体もしくは古字であるではないか（「㝵」は「碍」の略で、それは正字では「礙」。「无」は、親鸞の書では「旡」のような体であるが、やかましく言うと、旡は音寄、飲食気逆也。無の古文は旡が正しい。）

ここでは宗祖が旡の字体を用いられたと見ているのだが、これは明らかに旡と旡を混同しているといえる。宗祖が晩年になって多用されたのは旡の字であって旡の字ではない。旡と旡は全く別字であってその画数も異なっている。先の一文は穏当を欠くものといわねばならない。

五、初稿本、坂東本の成立時期について

以上のことをうけて巻子本として書かれていたと思われる初稿本は一体いつ書かれたものかを考えてみたい。合わせて坂東本の成立時についても考えることとする。

その手懸りの一つとしては、かねてから指摘されてきたように化身土巻本に見る次の一文がある。

按三時教者、勘如來般涅槃時代、當周第五主穆王五十一年壬申。從其壬申至我元仁元年元仁者後堀川院諱茂仁聖代也甲申、二千一百八十三歳也。（二一三5）

この文は元仁元年（一二二四）が釈迦入滅時より二千一百八十三年目に当ることを示さんとして書かれたもので、晩年になっていよいよ深まっていく宗祖の末法意識と深くかかわっていると思われる。この記述を拠り所として『教行信証』は宗祖五十二歳の頃に書かれたのではとの説が行われている。

しかしながらその細注に「元仁者後堀川院」とある諱は元仁元年の時点では未だ贈られていなかった所から、これを否定しようとする説もある。後序の文によって仁治三年（一二四二）以後、建長元年（一二四九）にわたり、七十歳から七十七歳の間に書かれたとの説もある(9)。

ここで注目しなければならないのは、「元仁者」以下の細注は坂東本において上欄註記として後

に加筆されたものであって、少なくとも七十五歳以降のものと考えられることである。ちなみに初稿本を書写したと考えられる専修寺本にはこの細注は見当たらない。

元仁元年成立説を否定する根拠の一つであるこの細注は後年に書かれたものであることから、初稿本は元仁元年又はそれに近い年に書かれたものと考えたい。元仁元年は仏滅年代を算定する基準として示された年号であって、必ずしも執筆年代を示そうとの意図はなかったとしても、その字体や筆蹟の特徴から五十代前半のどこかで書かれたと見られる。

巻子本として書かれた初稿本の一部がそのまま坂東本に転用されねばならなかったのかは何らかの事情があったに違いない。今後の研究課題の一つにするとしても、ここでは転用の過程について既に示されている研究成果をもととして略記してみたい。

宗祖は七十五歳の時すなわち宝治元年（一二四七）に門弟尊蓮に『教行信証』の書写を許されているのだが、それは初稿本であったと思われる。これが後に専海、真仏へと転写が重ねられて現存の専修寺本としてうけつがれている。

尊蓮による書写が完了したことを確認した上で間もなく初稿本の切断が行われたといえよう。その際には巻子本を十九行から十三行を一紙として切り離した上で、これに綴じしろとなる部分の紙を継ぎ足し、半折りにして一頁九行又は八行を中心に袋綴じにしている。この際行間がわずかしかなかったために、文字の一部が裏面にまで及ぶこととなっている。

更に一行の長さが後の書写部分に比べると、上下それぞれに文字一字分程長くなっている。坂東本におけるこの切り継ぎ部分の始りと終りの部分を示すと次の如くである。『親鸞聖人真蹟集成』第二巻の頁数を示すこととする。

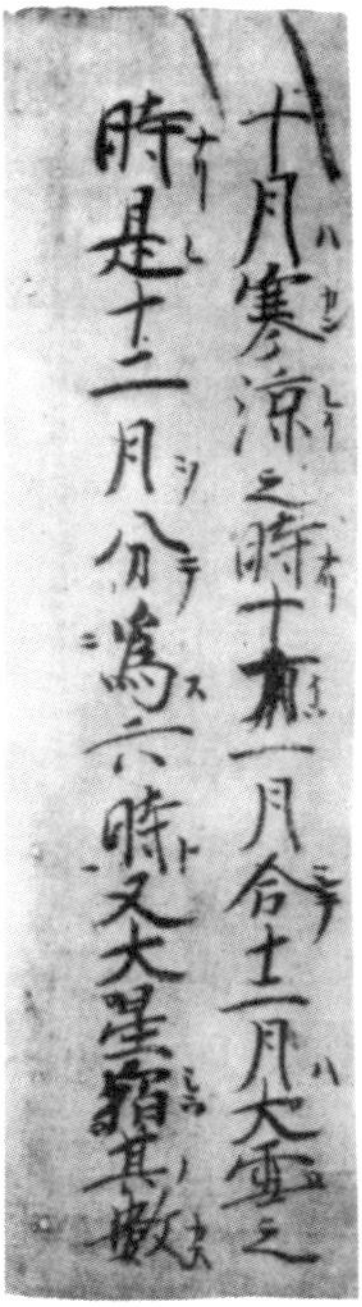

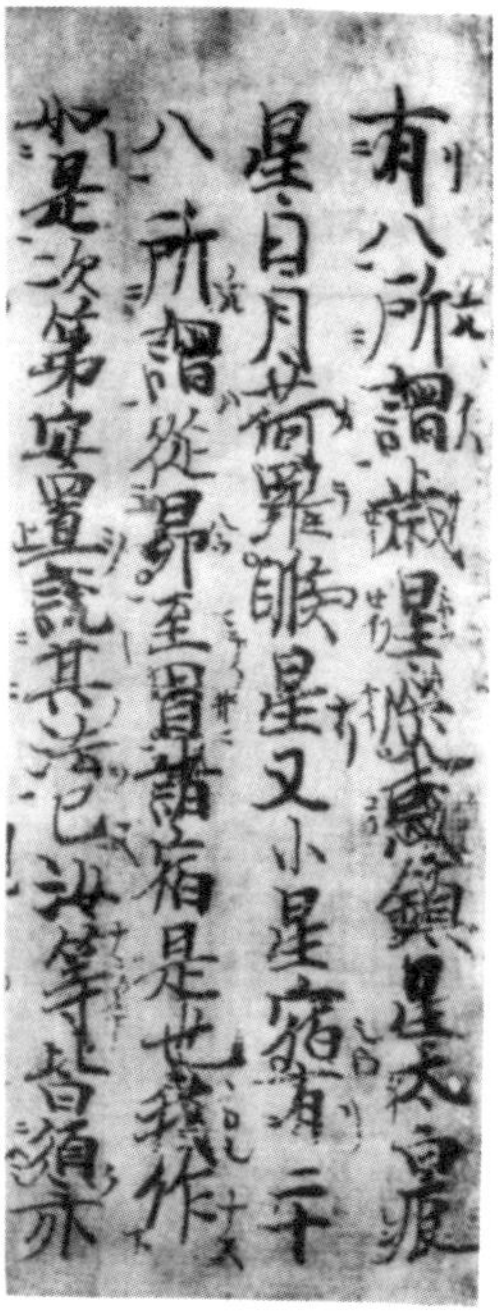

五八四～五頁（二一二二4）

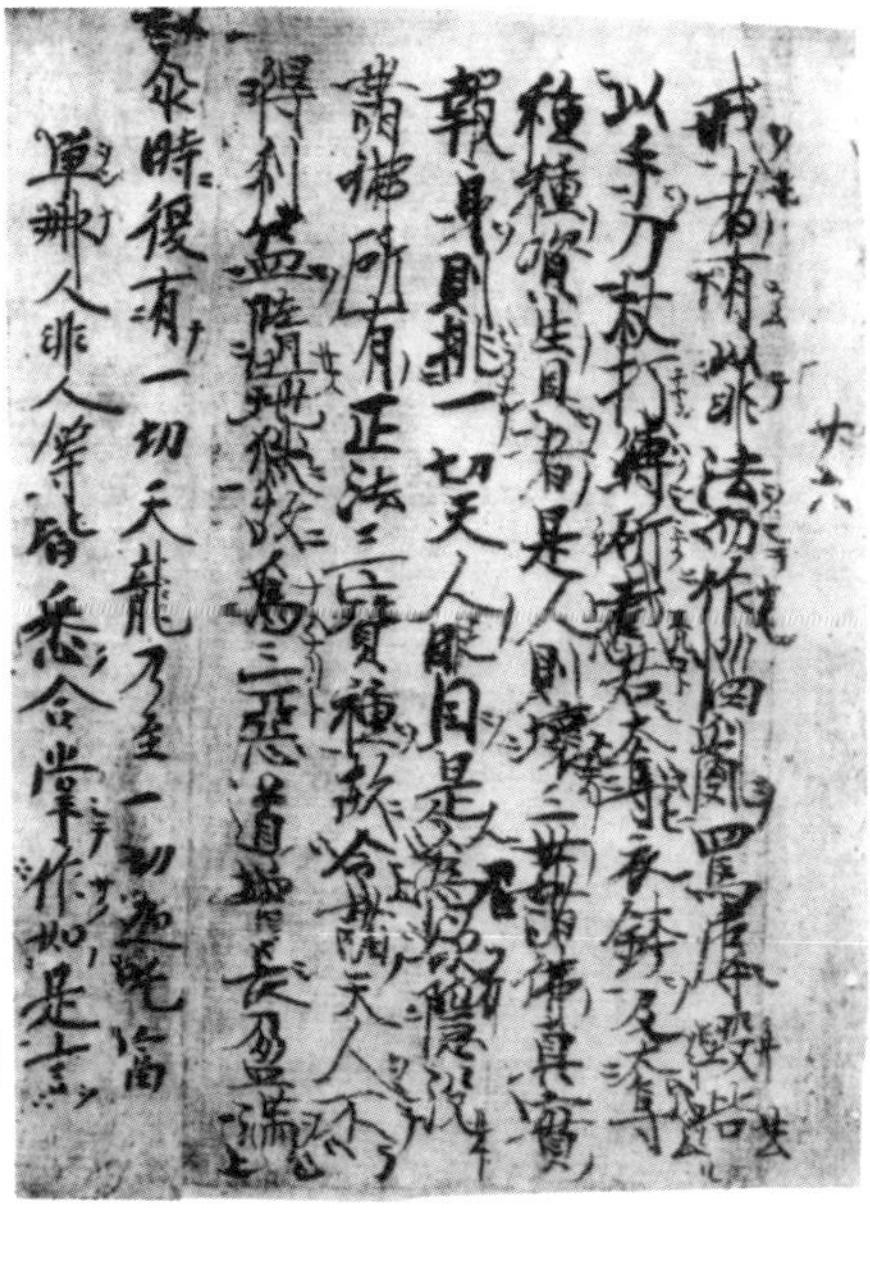

六三一頁（二一三九4）

巻子本が転用されているのは上図の「有八所謂」から始って、下図の「増長盈満已上」に至るまでの長さにわたっており、これを見ると上図の右二行と左四行、下図の右六行と左二行の筆蹟が明ら

五、初稿本、坂東本の成立時期について

かに異なっていることがわかる。巻子本転用部分の筆蹟は宗祖五十代頃のものではないかと思われる。それより前と後の部分は帰洛後に書かれたと思われるのである。

下図の右端に「廿六」の数字が見られるのだが、これは化身土巻末のほぼ巻頭部分に壱とあるところから、四九までが綴じしろに付された番号かと考えられる。袋綴じにする際にその順序に誤りのないように整理番号とされたのではと思われる。

転用部分の始り部分には整理番号としては多分参とあったかと考えられる。それより前の壱弐の部分と廿六の七行目以降は帰洛後の筆蹟となっている。

六、諸本校合の結果を受けて

ここでは諸本校合の結果から知り得たことを列記してみたい。まずその一つとして各本それぞれに誤字誤写が見られることである。これらの中には初稿本に既にあった誤字もあり、あるいは書写に際して生じた誤字もあるかと思われる。

まず坂東本においては宗祖自身によって初稿本に加筆訂正がなされたこともあって、誤字はごく限られたものである。あえて誤字ではないかと思われる例をあげれば次の如くである。上に正しいと思われる文字を示すこととする。

令↓玲（二三一-1）　他↓陀（二三二-7）　雪↓雲（二四八5）　未↓末（二四九5）

西本願寺本についてみても坂東本と共通の誤字を含めて二七例となり、更には初稿本を書写したと思われる専修寺本になると八七例を数える。これは転写が重ねられたことに起因しているといえる。訂正が加えられたものは除くとして、誤字と思われる主なものだけを列記することとする。

未↕末（31例）　復↕後（5例）　昭↓貽（3例）

土↓士（2例）　昧↓味（2例）　遇↓過（2例）

線↓綽（2例）　徒↓従（2例）　原↓厚（2例）　（以下1例のみは省略）

これらは書写に際して生じた例がほとんどと思われるが、必ずしも誤りとはいえない場合もある。ちなみに坂東本においては巳已己の三字については区別して用いられているとはいえない。当時にあってはこれら三字を厳密に区別しようとする意図はなかったものと思われる。

ただ未末の二字については坂東本において前掲の一例を除いては正確に区別されているのに対して、専修寺本には誤りが多いといえる。この本では星↓皇とあるのが二八例見られるが、これについては本来は別字である。しかしながら異体字としての前例が見られる所から、誤字との判断に苦しむ。

宗祖の聖教には独自の字体が用いられていることについては既に論じられているの(10)であって、今後の更なる検討を要する所である。

諸本校合の結果から判明したことを他にも示してみたい。

坂東本は初稿本に加筆訂正を加えながら書写されたものであるが、数多くの訂正の中で注目すべきことの一つとして、既に指摘されている如く、「衆生」から「有情」への改訂が三例見られる。いずれも『如来会』の文を引く中に見られるのだが、その内の一例については坂東本の欠損箇処にあるため、これを書写した西本願寺本によって補われている。しかし専修寺本では「衆生」のままとなっている。(一二5)

他の二例については坂東本において「衆生」の二字を抹消して、上欄又は右傍に「有情」と訂正されている。(六八7・九九5)

これら三例については『如来会』の文を引いたものであるから、本来は訂正すべき所ではないと思われるのだが、宗祖はその晩年においては翻訳語を旧訳から新訳へと改めようとすることが明示されていて、(11)八十三歳以降にこの改訂がなされたと考えられる。本典以外にも八十五歳の時に書かれた『上宮太子御記』においても、その中に引用されている「文松子伝」に見られる偈文中の「衆生」が「有情」に改められている所が二例(一〇〇五6・一〇〇六1)あり、(12)これらも原本に忠実であろうとすれば訂正する所ではない。

この他「三帖和讃」の浄土・高僧和讃においては全て「衆生」で統一されているのに対して、正像末和讃にあっては国宝本をはじめとして晩年になるに従い「有情」の割合が増すこととなり、文

明本になると全て「有情」の語が用いられている。(13)

『教行信証』の清書本系統の諸本では初稿本に準拠して「衆生」に戻すこととなっている。

更に注目すべきことは「正信念佛偈」中の一句にある。坂東本を見ると初めには「見敬得大慶喜人」とあったのを抹消して「獲信見敬大慶人」と改められている。晩年の名号銘文等には「獲信見敬得大慶」ともあって、いずれも現行の文とは異なっている。

それでは何故に西本願寺本や清書本系統の諸本においては現行通りの「獲信見敬大慶喜」と改められたのかといえば、これも専修寺本が伝える所の初稿本に準拠した結果ではないかと考える。

西本願寺本においては坂東本の文言とは違って、専修寺本と合致している所が一一例見られる。先にも述べた如く坂東本では細注として小文字で書かれている所が、専修寺本・西本願寺本両本共に大文字化して本文と一体となっている所が二例あった。(一九4・一二七-5)

又坂東本において上欄註記として加えられた細注が両本共に見られないものが一例ある。(一七四4)

この他にも本文そのものが共通して坂東本と異なっている例が八例ある。先にAC間の異同として示したものも含まれる。

①AE兩足尊——BC雨(四七-5)

②A不可説不可稱——BCE不可稱不可説(九一4)

③A菩提。――BC薩（C「提ィ」と上欄註記）（九六-6）
④A慧目。――BC日（B「目ィ」と右傍註記）（一〇七4）
⑤A無辜――BC无過咎（一〇八6）
⑥A設。我――BC誤（一一五5）
⑦AE大。乘門大。乘門――BC義（一四七-1）
⑧AE愁歎――BC生死（一七八3）

これらの例は西本願寺本が書写されるに際して、専修寺本が初稿本の書写本であるとの認識があって、坂東本によらずに専修寺本に準拠した結果と考える。

このことを裏付けるものとして、西本願寺本においてイ本注記の中に「イマ本」として示された異同は専修寺本との校合によって加えられたものであり、専修寺本が初稿本の書写本であるとの認識が、宗祖のみならず当時の門弟間にも強くあったものと思われる。

AB二本間の異同はこの他にもあり、その中で注目すべきは化身土巻の尾題であって、西本願寺本には「顯淨土方便化身土文類六」とあるのが、AC二本共「顯淨土眞實教行證文類六」となっていることである。

この異同は『教行信証』がもと一連の巻子本としてあったと考えると、その首題に「顯淨土眞實教行證文類」とあるのだから、その尾題も同じであるなら首尾一貫といえる訳である。AC二本は後に六冊本として分冊して書写されており、この時に巻子本の尾題をそのまま残したことになる。一方B本も分冊して書写されるが、化身土巻においては首題と尾題を同一にすべきものと考えて改められることになったのではと考える。

次に行巻に引かれる法照の『法事讃』の文（三六4）について付言すれば、これと同じ文が『見聞集』にも引かれている。こちらの方が中略することなく、より長文にわたって引かれている所から『教行信証』が書かれる際の原典となったのではないかとの説がある。(14)しかし『見聞集』は『涅槃経』の文を合わせて、帰洛後に平仮名本『唯信鈔』の裏面を利用して書かれたものであって、五十二歳又はそれに近い年に書かれた初稿本の資料になるとは考え難い。坂東本は七十五歳から七十七歳の頃に書写が完了している所から、『見聞集』がこれに先行しているとはいえるものの、初稿本の方がこれより更に先行していることは明らかである。

続いて清書本系統の特色についても述べておきたい。坂東本においては上欄註記されている細注が、清書本系統の諸本ではいずれも本文中に割注としてとりこまれていて、その際には注記を加える対象となる文字の表記は全て省略されている。

細注は本来小文字で表記されるのだが、これが大文字として本文と一体化されている所がある。教巻にあって五徳瑞現を示す語にそれぞれ細注が加えられているが、その内の「慧見无㝵」に対する細注「述最勝之道」の五文字が大文字化されている。（一一-1）

更にはＡＢＣ三本に見ることのない細注が新たに加えられている。化身土巻末にある『大集経』引文中の「線訶」について「星黒反須陵反」との割注がある。（二二九１）

このことから清書本は宗祖がその最晩年に書かれたとも思われるが、この系統諸本の特色として無をはじめとして耶（接尾辞）辨羣障嗔与坐号廻密躰などといずれ、字体が統一されていることから考えると、門弟の一人が坂東本を整えた上で清書したとも考えられる。前述の如く「正信偈」の一句「獲信見敬大慶喜」とあることは初稿本に準拠した結果と思われる。

存覚が『六要鈔』を書くに当ってその底本としたのはこの系統の一本であったことについては、そこにごく断片的に示されている本文の異体字の特徴が一致していることからも確かめられる。『六要鈔』の依用本となったこともあって、後世にこの系統の諸本が八冊本などとして広く流布することになったと思われる。存如・蓮如書写本や佛光寺本がこの系統の書写本として今日に至るまで伝えられることとなっている。なお佛光寺本については佐々木瑞雲氏の論文(15)が大いに参考となる。

七、広略二本の前後問題

ここまでは坂東本を中心として『教行信証』の諸本の特色について述べてきたのだが、これを受けて広略二本の成立の前後関係について言及することとしたい。

この問題をめぐっては古くは江戸時代より論争が行われてきたが、近年は略前広後説が有力となっている。『教行信証』諸本の校合結果に加えて、『浄土文類聚鈔』の対応部分との校合を重ねてみたい。

略本において経論釈の引文が二七ある中で、言曰云の用法区別について注目してみると、適合しない例が六（全体の二二％）あることが知られる。この六例について広本と校合してみると次の如くである。（上に略本の頁・行数を示すこととする）

①（二六二-4）十住毗婆沙論云——（二三7）A曰

②（二六二-1）浄土論云——（一七〇3）A曰

③（二七四4）又（散善義）言——（七〇-2）A云

④（二七六3）又（般舟讃）言——（七八2）A云

略本では用法区別に適合していない四例が広本では改定が加えられて適合していることになる。

これらの他に広略二本ともに適合していないのが二例ある。

①（二六七1）曇鸞菩薩註論言——（六〇1）A宗師釋言

②（二七五-2）論主建（浄土論）言——（九〇-2）A論主建言

この結果からは略本から広本へと改定が加えられたことにより、より成熟度が増しているといえよう。

この他略本から専修寺本へ、更には坂東本へと改定がなされている例もある。

○（二六二-4）龍樹菩薩十住毘婆沙論云。――（二三7）又（十住論巻五易行品）C言。――A曰。

これらの校合結果からいえるのは略本から広本へ、広本においても専修寺本から坂東本へと改定が加えられたことにより、略本から広本へとその成熟度を増しているといえる。

かねてより広前略後説の論拠の一つとして「正信偈」の文について略本の方が広本に比して成熟していることがあげられてきたのだが、今回両本の訓点を校合した結果からは、広本の方がより成熟しているといえる。

もう一つ略前広後説の論拠として考えられることは、広本においては『涅槃経』が多くの文類中の最重要経典として長く引用されているのに対して、略本には引用のないことがあげられる。

『文類』を宗祖八十歳頃の著作とする説が行われているのだが、これはあくまでも書写年時と考えるべきであろう。このたび本文及び訓点についての校合結果からいえば、略本は広本に先立って『教行信証』の構想段階で書かれたと考えるべきであり、五十代の初め頃に初稿本が書かれたとすれば、それに先立つ四十代のどこかで書かれたと考えたい。

五十代に入ってからはそれまでに集められた多数の経論釈文を四法に配しての構想が初稿本として集大成されたと考えると、略本は四十代の著作と見るべきかと思われる。

注

(1) 赤松俊秀『鎌倉仏教の研究』八五頁、昭和三十二年刊

(2) 小川貫弌『仏教文化史研究』四一一頁、昭和四十八年刊

(3) 『大正蔵経』第十二巻、七一七頁a

(4) 中田祝夫・林史典『日本の漢字』平成二年刊、三〇七頁

(5) 同書、三二九頁

(6) 同書、三三二頁

(7) 拙稿「真蹟本に見る親鸞聖人のかなの用法」(『真宗研究』二一輯、九三頁)

(8) 田村悦子「親鸞の、特に坂東本『教行信証』の筆蹟について　上」(『美術研究』三一八号・二一頁上)

(9) 小川貫弌前掲書、三九四頁

(10) 斉木正直「HNGの利用を通して見た親鸞・明恵の字体」(石塚晴通編『漢字字体史研究』三六七頁、平成二十四年刊)

(11) 拙稿「親鸞聖教にみる用語上の特色――旧訳から新訳へ――」(『印度学仏教学研究』五四―二、一七九頁)

(12) 拙稿「宗祖晩年の教学の特色――太子信仰を中心として――」(『真宗研究』五四輯　二四九頁)

(13) 拙稿前掲論文(注11)一八三頁

(14) 『定本親鸞聖人全集』第一巻、四〇三頁九行目、昭和四十四年刊

(15) 佐々木瑞雲「新出佛光寺蔵『教行信証』の意義――『六要鈔』所釈本の行方――」(『真宗研究』五十輯、一四二頁)

後編　諸本訓点の校異を中心として

一、主要三本に見る訓点の特色

前編の結果を受けてここでは主要三本のみに限定して、それぞれに見られる訓点について校合を重ねて、その相互関係を明らかにしてみたい。

今回ＡＢＣ三本の訓点を校合するに当っては、前編と同じく『浄土真宗聖典全書』二を底本として、三本の影印本を照合することにより校異確認を行っている。合わせて東本願寺刊行の『教行信証』三冊本を参考としている。

その結果としては右訓左訓を含めて三本一致の訓点が大半を占めるのだが、何らかの異同が認められたものが七七九五例に及んでおり、これらを類型化してみると次の如くである。

①ＡＢ―Ｃ　三三八七（四三・五パーセント）その内Ｃ訓点ナシ　一七〇三（二一・九パーセント）

②A―BC　二一一三（二七・一パーセント）Aナシ　一五四九（一九・九パーセント）
③AC―B　二八二（三・六パーセント）Bナシ　五八（〇・七パーセント）
④いずれか一本のみの訓点　A　六〇　B　五七一　C　一〇四四
⑤A―B―C　三三八

まず坂東本に注目してみると、その本文については初稿本に改定を加えながら書写されたと考えられるのだが、訓点に限っては初稿本を書写するのではなく、新たに加点されたといえる。AC二本が一致する訓点が異同のある訓点中の三・六パーセントしか見られないことが、そのことを示している。

とはいえ初稿本に一旦加えられた訓点について、宗祖自身による専修寺本との校合がなされて、墨筆又は朱筆によって加筆訂正が行われたと思われる。更に坂東本にしか見られない訓点が六〇あることは、宗祖滅後に別人によって加えられた可能性が大きいといえる。

続いて専修寺本について注目してみると、坂東本と一致しない訓点が合わせて六九四二（全体の八九パーセント）にも及ぶ所から、AC二本の訓点は別時に加えられたといえる。

一方専修寺本においても坂東本との校合が行われていて、左訓として小さい文字で墨筆の薄い訓点が見られて、真仏あるいは後世の人の加筆があった可能性がある。

専修寺本にしか見られない訓点が一〇四四（一三・四パーセント）見出されるが、これは初稿本にはあって改定本にはない訓点、あるいは後世の加筆によるものと考えられる。

更に西本願寺本についてみると、坂東本の書写本であるから合致点が多くあっていいのだが、AB二本一致の訓点が四三・五パーセントと半数にも及ばない。

何故この様になったのかといえば宗祖滅後に書写がなされて、更にその後にも専修寺本との校合が行われて、その訓点が多く採用された結果と思われる。BC二本一致の訓点が二一一三（二七・一パーセント）に及ぶのはそのことによると思われる。

西本願寺本にしか見られない訓点が五七一もあることは、その多くは坂東本を書写した後に新たに加えられたと思われる。

前述の如く坂東本においても他の二本にはない訓点が六〇あるのだが、これらの中には西本願寺本を書写するに当って書写もれとなったか、あるいは書写後に抹消された例があるとしても、その多くは後世別人によって加筆された可能性が高いといえる。参考のためにこれらを列挙することとする。まず上に『親鸞聖人真蹟集成』の頁数・行数を示し、合わせて『浄土真宗聖典全書』二の頁数・行数を明示してみたい。

①二一2（一二-4）㊟者㊨ト
②八五2（三五-2）㊟招㊧メシ（朱筆）
③八九-1（三八4）楳㊧ヤナ
④一〇四3（四四5）芥㊧ミ（朱筆）

⑤一〇六3（四五3）就㊧ナルトモ（朱筆）
⑥一一〇2（四六-2）集㊨ニ（朱筆）
⑦一三四2（五六7）相㊨ノ
⑧一四一1（五九7）實㊨ノ
⑨一四七3（六一-7）闇㊨キ
⑩一四七4（六一-6）悪㊨ノ
⑪一六六1（六九6）註㊧チウ（右にもチウとあり）
⑫一六九4（七〇-5）輪㊨リン（朱筆）
⑬一七五-1（七二-1）専㊧モンハラ（朱筆）（次の字注の左訓としてあり）
⑭一七九6（七四4）破㊧ヲレ（朱筆）
⑮一八三-3（七五-4）休息㊨ク㊧ヤミ（朱筆）
⑯一九八-1（八一-7）會㊧アウ（朱筆）
⑰二一三-3（八六-4）佛㊨ノ

⑱二二四2（九一3）非（四番目）㊨ス
⑲二二四3（九一3）非（五番目）㊨ス
⑳二四〇1（九七-6）道(上)㊨ヲ
㉑三〇二-1（一二一1）於（底本二番目）㊨ニ
㉒三四四4（一三五4）朽㊨キウ（抹消か？）
㉓三四九1（一三七1）歎㊧ナケキ
㉔三六三-2（一四二7）謀㊧ホウ反（上書訂記）
㉕三七六-2（一四六-1）退㊧シリソク
㉖四〇四2（一五七4）佛㊨ヲ（B本抹消か）
㉗四二七1（一六五6）出家㊨テ㊨ヲ（C本抹消か）
㉘四二七1（一六五6）修㊨スルコトヲ（C本抹消か）

㉙四五〇-3（一七四2）赫㊧カ、ヤク
㉚四五五-4（一七五6）招㊧セウ（右にもセウとある）
㉛四六二4（一七七-1）遣㊧ツカ
㉜四六三2（一七八6）陀㊨ノ
㉝四七三4（一八三3）懈慢㊧オコタルアナトル
㉞四七三-3（一八三5）羣萌㊧ムラカリ㊧キサス
㉟四七三-3（一八三5）穢㊧ケカラハシ
㊱四七三-3（一八三5）識㊧サトル
㊲四七六1（一八四-7）場㊧ニワ
㊳四八八4（一八八1）演㊧ノヘ
㊴五〇〇2（一九二7）逢㊨フ
㊵五〇九1（一九五4）拠㊨コ（右記）
㊶五一六2（一九七-1）一㊨ニ

㊷五二一4（二〇〇2）世㊨ノ
㊸五二二1（二〇〇5）叵㊧ハ反
㊹五二七-4（二〇二-2）捨㊧スツ
㊺五三二4（二〇四3）盡㊧ツキム
㊻五五〇-3（二一〇7）恒㊧ツネ
㊼五七一-4（二一八1）護㊧マモル（朱筆）
㊽五七五-4（二一九6）僅㊨ニ（左にワツカニとある）
㊾五七七1（二一九-1）服㊧キル
㊿五九一4（二二四-3）心㊨ヲ
51 六〇〇2（二二八1）千㊨ノ
52 六一三2（二三二-4）人㊨ノ
53 六二五-3（二三七5）藏経㊨サウキヤウ（右上補記）
54 六四〇-2（二四二1）託㊧ツク
55 六四六2（二四五2）末㊨ニ

㊹六四六-3（二四五5）國㊨ニ
㊺六五二-4（二四七5）周㊧アマネシ（墨筆に朱筆上書訂記）
㊻六五三-4（二四七-5）爾㊧ナンチハ
㊼六五五3（二四八4）涌㊨ユ
㊽六七九4（二五五-2）盡㊧ツクス

以上は坂東本にしか見られない訓点ではあるが、全てが西本願寺本の書写後に加筆されたとは限らない。これらの中には専修寺本、西本願寺本において一度は書写された後に、何らかの理由で抹消された訓点もあり、坂東本では宗祖自身の加点の可能性もある。墨筆あるいは朱筆での濃淡とか、あるいは後人の筆蹟なのかは今後の検討の要する所である。

二、初稿本から改定本への訓点の改定

坂東本の化身土巻には、巻子本が改装されて転用されていることは従来から指摘があり、前篇において問題としてきた。

この部分では筆蹟も字体も異っていることなどから、五十代の初め頃に書かれた初稿本が巻子本であったかと思われる。その初稿本を後世に残したいとの意図をもって、宗祖七十五歳の時に尊蓮に書写を許されたと考える。これが後に専海、真仏へと転写が重ねられて専修寺本として現存する

に至っている。

巻子本のごく一部とはいえ初稿本の残欠部分とするなら、初期の『教行信証』の姿を伝える貴重な資料となりうるものである。

巻子本転用部分に見られる訓点についても基本的には宗祖によって加えられたものとして考えたい。部分的には袋綴じとして冊子本として改装された後に、墨筆又は朱筆によって改定がなされた所もあるかと思われる。

そうであれば巻子本転用部分の訓点とそれ以外の部分の訓点との間に何らかの異相があるのではないかと予想される所である。

そこでこれら二つの部分を区別して統計をとってみると、巻子本転用部分が七〇五に対して、その他の部分は七〇九〇となる。

まず巻子本転用部分における訓点の校異を類型化してみると次の通りである。
○AB―C　二一五（三〇・四パーセント）Cナシ九五
○A―BC　二六三（三七・三パーセント）Aナシ二三一
○AC―B　一八（二・五パーセント）Bナシ四
○Aノミ　七　Bノミ　六九　Cノミ　一〇六
○A―B―C　二七　合計七〇五

次いで巻子本転用部分を除いた部分の訓点の校異を類型化してみると次の如くとなる。
○ＡＢ―Ｃ　三一七二（四四・七パーセント）Ｃナシ一五一一
○Ａ―ＢＣ　一八五〇（二六・一パーセント）Ａナシ一三四五
○ＡＣ―Ｂ　二六四（三・七パーセント）Ｂナシ四七
○Ａノミ　五三　Ｂノミ　五〇二　Ｃノミ　九三八
○Ａ―Ｂ―Ｃ　三一一　　合計七〇九〇
これら二つの類型を比較してみると、巻子本転用部分においてはＡＢ―Ｃの割合いが少いのに対して、Ａ―ＢＣの割合いが多くなっていることがわかる。

これをもとに考えると巻子本転用部分以外の部分では、初稿本↓坂東本へという過程があるのに対して、巻子本転用部分においては初稿本がそのまま坂東本に転用されたことによる違いかと思われる。

宗祖自身による加筆訂正があるものの、この部分に限っては専修寺本と西本願寺本とはほぼ同じ初稿本を書写していることになり、いわば兄弟関係にあるといえる。それ以外の部分については、本文及び訓点において改定が加えられた上で西本願寺本に書写された結果かと思われる。

もっとも専修寺本が転写を重ねられたことにより初稿本とは異ることとなり、この文のみに見られる訓点についても初稿本書写後に加筆された可能性が大きい。西本願寺本についても後世の人の手が加えられていることは否定出来ない。

参考までに化身土巻末に見られる左訓を調べてみると、巻子本転用部分に限ると三二あるのに対して、その他の部分には三四七となる。

巻子本では行間も狭くつめて書かれていた関係で、左訓を加えようとしても次行の右訓と重なる恐れがあるために、ごく少数となっている。それ以外の部分では後に訓点が加え易かったこととの違いかと思われる。

三、坂東本に見る墨・朱筆による改定

坂東本においては墨筆又は朱筆によって改定が加えられており、まず墨筆によって改定が加えられた訓点が一一七ある。

その内の六八は改定した結果として専修寺本と一致することとなる。改定前の訓点が専修寺本と一致しているのが一六あり、残りは両本が異る結果となっている。

続いて朱筆による訓点の改定例が一五一三あり、その内三本一致の訓点が九五九（六三パーセント）あり、何らかの異同が認められるのは五六四（三七パーセント）となる。

三本一致の訓点の中には坂東本において最初からあった墨筆の訓点と、後に加筆された朱筆の訓

点とが全く同一のものが見られるのは、宗祖自身が晩年に専修寺本との校合を行った結果を朱筆によって加筆したことによるとみられる。

現在見る訓点としては全く同一であっても、それに至るまでの過程は異っており、類型化してみると次の如くとなる。

○墨筆＝朱筆＝C　一三二
○墨筆→朱筆＝C　一八四
○朱筆＝C　四九六
○墨筆＋朱筆＝C　一四七

最後の例は墨筆に朱筆が書き加えられた結果として専修寺本と一致することとなっている。

坂東本に見る墨筆での訓点は本文書写の後に別に初稿本とは別箇に独自に加えられたと思われる点については前述の通りである。その後八十代になってから専修寺本との校合が行われて、朱筆によって改定がなされることとなったと思われる。

この朱筆訓点の中には宗祖晩年のかな聖教に多く見られる普通敬語から二重敬語へと改められた例があり、この点については次章で述べることとする。

四、訓点に見られる敬語について

訓点中に見られる敬語表現については異同のあるなしにかかわらず全例を摘出してみた。その結果は総計七八八ある中で、全く異同がなくて三本一致しているものが五五一、何らかの異同が認められたものが二三七となる。

異同のある例を類型化してみると次の如くである。

○AB―C　一三三（五六パーセント）
○A―BC　四九（二〇・六パーセント）
○AC―B　二〇（八・四パーセント）
○Aノミ　一　Bノミ　一　Cノミ　一一
○A―B―C　二二（九・三パーセント）

訓点中に見られる敬語については『教行信証』だけでなく、五十代の『涅槃経要文』、六十代の『見聞集』についても、その対応する部分においても校合し、更には既に述べた如く広略二本の前後関係を考える中で、『教行信証』に先行して四十代に書かれたのではと思われる『浄土文類聚抄』についても、その対応部分に限って校合した所から明らかになった点を示してみたい。

まず『要文』との校合によれば『涅槃経』の文を引く中で

若觀如来、以他心智、觀衆生時、爲利養説、爲衆生説（一六九-1）（九二二-5）

とある中の上方の「觀」への訓点が共に「スルニ」とあって一致しているのに対して、下方の「觀」について『要文』には「スル」とある所が、真仏土巻では「ミソナハス（朱筆）」と改められている。

同じく『涅槃経』文を引く中で

若見如來　所作神通（一六九-2）（九二二-6）

とある「見」について、『要文』では「ミルニ」とある所が、「ミタテマツラムニ」と敬語表現となっている。

次に『見聞集』との校合結果によると、いずれも『涅槃経』文を引く中で

復以偈頌而讃嘆言（一一九-5）（九六二-2）

とある「言」について『見聞集』では単に「フ」とあるのに対して、信巻では「マフサク」とあって敬語表現となっている。

更には

大王汝昔已於毗婆尸佛（一二〇-1）（九六二-1）

とある「佛」について『見聞集』には「ニ」とのみあり、専修寺本、佛光寺本も同じ訓点であるの

に対して、坂東本では「ノミモトニ」とあって敬語表現となっている。

同様の例は他にもあり

是故我言爲阿闍世　イフ（九六〇3）↓ノタマヘリ（一一三-5）

往照王身瘡即愈　スニ（九六〇6）↓シタマフニ（一一三-2）

とあって敬語が加えられている。

こうした敬語付加の例は『文類』との間にも見ることが出来る。その多くは「正信偈」文中に見出される。

①常向鸞方菩薩禮　ライスト（二六九-3）↓常向鸞處菩薩禮　シタテマツル（六二-1）

②梵焼仙經歸樂邦　クヰス（二六九-2）↓シタマヒキ（六三1）

③證知生死即涅槃　チスト（二七〇2）↓セシム（六三4）

④即證法性之常樂　スト（二七〇-4）↓セシムトイヘリ（六三-2）

⑤拯濟无邊極濁悪　サイセシム（二七一6）↓シタマフ（六四-4）

これらに加えて敬意が深められている例もある。

⑥乃至一念至心廻向　シタマヘリ（二六二-7）↓セシメタマヘリ（朱筆）（六八6）

⑦種種方便發起我等无上信心　キシタマフト（二七六4）↓セシメタマヘリト（七八3）

⑥⑦の二例については『文類』では普通敬語であるのに対して、『教行信証』では二重敬語が用

いられて、敬意が一層深められていると思われる。

化身土巻末の後序に見られる「慶哉」以下の文についても、『文類』によく似た文が見出される。

慶哉愚禿、仰惟、樹心弘誓佛地、流情難思法海（二六六-3）

ここで「慶哉」に加えられた訓点を比較してみると、『文類』には「ヨロコハシキカナ」とあるのが、坂東本、専修寺本においては「ヨロコハシイカナ」とある。これが西本願寺本では「ヨロコハシキカナ」とある「キ」を抹消して「イ」と右傍訂記されている。

これら諸本の異同を考え合わせると、『文類』では宗祖初期恐らくは四十代の訓点を伝えていると思われる。

これに類する改定は本文においても見出される。それは「正信偈」の文中にあって、『文類』には

譬猶如日月星宿

とあるのが『教行信証』においては

譬如日光覆雲霧

となっており、坂東本においては「月」を「光」と上書訂記されている。

これらの例が示すことは『文類』が『教行信証』に先立って著わされたということであり、前述の如く略前広後説を裏づけるものと考える。従来から指摘されてきた様に、『文類』は『教行信証』

を著わす前の構想段階で書かれたと思われ、八十代の著作というのは書写年代と見るべきであろう。

ここで留意すべきこととしては、先に書かれた著作には敬語が用いられているのに対して、『教行信証』では敬語が見られない例もあることである。

①華開則見佛　ミタテマツルト（二六二-2）→ツル（二四-3）

②今披宗師解云言如意者有二種　ノタマフ（二七五-1）→訓点ナシ（七〇-7）

③又言敬白一切往生　ノタマハク（二七六3）→云訓点ナシ（七八2）

④經（大経巻下）言　ノタマハク（二七六6）→ハク（二〇五-7）

いずれも『文類』においては敬語表現となっているのに、『教行信証』では敬語が用いられていないことになる。

次いで『教行信証』の初稿本には敬語が用いられているのに対し、改定本では敬語が見られない例も少なくない。これらは初稿本と改定本においてそれぞれに別箇に訓点が加えられた結果ではないかと考える。参考のためにそれらを列挙することとする。

①經言（一五-2）　Cマハク→Aク　Bノタマハク

②又言（一六1）　Cマハク→Aナシ　Bノタマハク

③又言（一六3）　Cマハク→ABナシ

④佛名（一七-1）　BCミナヲ→Aナシ

⑤巻言。（一九4）　Cマハク→Aナシ　Bノタマハク
⑥譯（細注）（一九4）　BCツタヘタマフトナリ→Aナシ
⑦聞名。（二三-2）　Cミナヲ→ABナシ
⑧稱名。（二四5）　Cミナヲ→ABヲ
⑨歸命。（二四-5）　Cシタテマツル→ABス
⑩加。威神（二六6）　Cシ下ハ→ABセ　㊧ABCクワウ
⑪薩言。（二七6）　Cノタマフ→ABフ
⑫名。阿（三二-3）　Cナツケタテマツル→ABクト
⑬招喚。（三五-2）　C㊧ヨヒタマフ→AB㊧ヨハウ
⑭念。彌陀（三八2）　BCシタテマツル→Aナシ
⑮此間迎。（三八-7）　BCムカエタマフト→Aフ
⑯以名。（四四-7）　Cミナヲ→ABヲ
⑰言。之（五二-4）　C㊧ノ玉フ→ABナシ
⑱經言。（五五-6）　Cマハク　Bノタマハク→Aナシ
⑲能令。（五六6）　BCシムトノタマヘルカ→Aナシ
⑳仰告。（六〇3）　BCクトノタマヘリ→Aクト

㉑攝。取。（六一6）　C㊧オサメムカエトリ下↓ABナシ

㉒攝。取。（六四2）　C㊧オサム　ムカエトリタマフ↓ABナシ

㉓如來名。（六九6）　CBミナヲ↓Aナシ

㉔攝。取。（九二2）　C㊧オサメムカエトリタマフトナリ↓ABナシ

㉕生。有（九二2）　BCセシムル↓Aル

㉖廻向。（九三-1）　Cセシメタマヘリ↓ABシタマヘリ

㉗又言。（九四4）　Cマヘリト↓Aナシ　Bノタマヘリト

㉘火也。（九六4）　Cトノタマヘリト↓Aナシ　Bトノタマヘリ

㉙長養。（一〇〇7）　C㊨シタマフコトヲ↓A㊨スルコトヲ　B㊨スルコトヲ㊧シタマフコトヲ

㉚顔容。（一〇六3）　BC㊧オンカホハセ↓Aナシ

㉛常説。（一一一4）　Cキタマハク↓ABハク

㉜説言。（一一五7）　Cノタマフト↓Aハム　Bハム↓ノタマフト

㉝見佛。（一一九2）　Cマツリ↓Aナシ　Bミタテマツリ

㉞所得。（一一九2）　BCエタマフ↓Aル

㉟如來所。（一二二1）　BCミモトニ↓Aトニ

㊱薩言。（一六三-6）　Cマフサク↓Aハク　Bハク↓マフサク

㊲能知。（下）（一六四-3）　Cシメシテ→Aテ　Bシロシメシテ
㊳佛名。（二二三-1）　BCミナヲ→Aヲ
㊴佛言。（二三六2）　Cノタマハク→ABハク
㊵而出。（二四三1）　C㊨タリト㊧テ下フ→AB㊨タリト　㊧ABナシ
㊶隠也。（二四五-4）　BCカクシタマフ→Aナシ

以上の異同の中で注目すべきは「言。」について初稿本では敬語が用いられているのに対し、坂東本ではこれが省略されているのが九例見られることである。①②③⑪⑰⑱㉗㉜㊴

専修寺本には敬語表現の訓点があるのに対して、坂東本・西本願寺本の二本にはそれがない例は少なくないのだが、その中で注目されるのは「攝取」に加えられた訓点である。㉑㉒㉔の三例がそれである。専修寺本には「オサメムカエトリタマフ」などあるのに対して、改定本ではナシかあるいは「シテ」とのみある。

ちなみに、かな聖教についてみると、国宝本の『浄土和讃』には「オサメトル　シユハムカエトル」などとの左訓があり、顕智書写本にも見られる。（三七九3）

『一念多念文意』（六六三2）においても「オサメトリタマフトナリ」という左訓があるのに続いて本文中に

攝はおさめたまふ　取はむかへとるとまふすなり。

とあることを考え合わせると、坂東本においては三度にわたって訓点が見られないことは何らかの理由があったと思われる。

更に先掲の諸例の中で注目すべきこととして専修寺本には「名。」の訓として「ミナ」とあるのに対して、坂東本には敬語表現が見られないのが六例ある。④⑦⑧⑯㉓㊳

これとは逆に坂東本には「ミナヲ」とあるのが、専修寺本では「ヲ」としかないのが一例ある。三本一致して「ミナ」とあるのが四例見られる。（三八7）（一六六-6）（一八六7）（二二〇-7）

続いて専修寺本には敬語表現がないのに対して坂東本では敬語が加えられている例も多数見出される。

①佛言。（一七-6）　Cハク↓ABノタマハク

②令功徳。（四一2）　Cナシ↓ABシメタマヘリト

③在三昧。（五一6）　Cアリ↓Aマシテ　Bマシマシテ

④如來會言。（六八2）　Cク↓ABノタマハク

⑤利益世間。（八二1）　Cスル↓ABセシメ　B㊧スル　Aスル↓セシメ

⑥經言。（八三-1）　Cク↓ABノタマハク

⑦經言。（八四4）　Cク↓ABマハク

⑧是故説経言。（八四6）　Cフナリ↓Aマヘルナリ　Bヘルナリ

⑨又言。（八五2）　Cク→ABマハク
⑩又言。（八五4）　Cナシ→ABノタマハク
⑪經言。（八五7）　Cク→ABノタマハク
⑫又言。（八五-6）　Cナシ→ABマハク
⑬又言。（八五-5）　Cク→ABマハク
⑭示現。（八六2）　Cセム→ABセシム
⑮又言。（八八6）　Cナシ→ABマハク
⑯廻向。（八八-7）　Cセル→ABシタマヘル
⑰大經言。（九三-2）　Cハク→ABノタマハク
⑱經言。（九四5）　Cク→ABノタマハク
⑲是故名爲。（九四-6）　Cスト→ABストノタマヘリ
⑳本言。（九七3）　Cク→Aノタマハク　Bマハク
㉑本言。（九七-1）　Cク→ABマハク
㉒又言。（九八-1）　Cナシ→ABノタマハク
㉓如來會言。（九九4）　Cク→ABノタマハク
㉔又言。（九九7）　Cヘリ→ABノタマヘリト

㉕又言。（九九－7）　Cク↓ABノタマハク
㉖又言。（九九－6）　Cヘリ↓ABマヘリト
㉗經云。（一〇〇2）　Cク↓ABノタマハク
㉘經云。（一〇〇－3）　Cナシ↓ABノタマハク
㉙佛名。（一〇二6）　Cヲ↓ABミナヲ
㉚又言。（一〇三6）　Cク↓ABノタマハク
㉛經言。（一〇四－3）　Cク↓ABノタマハク
㉜又言。（一一二－2）　Cク↓ABノタマハク
㉝尸佛。（一二〇－1）　Cニ↓ABノミモトニ
㉞又言。（一二一5）　Cナシ↓ABノタマハク
㉟獲。无根信（一二四5）　Cエシム↓Aエシメタマヘト　Bエシメタマヘリ
㊱奉。法（一三六－5）　Cナシ↓ABウケタマハリテ
㊲觀。察（一四〇－1）　Cナシ↓AB㊧ミソナハス
㊳得。入（一五〇－6）　Cウ↓Aエシム　Bシム（㊧ウ反）
㊴佛言。（一六五3）　Cハク↓ABノタマハク
㊵授手。（一七五5）　Cテヲ↓ABミテヲ

これらの例は初稿本に比して改定本において敬意が深められたことを示している。

三本間に細かい異同があるとはいえ、共通して二重敬語が見られる例もある。

①作願共往生。（八八–5）　ＡＢＣセシメタマフナリ

②共向。佛道（八八–3）　Ｃカヘラシメタマフナリ　ＡＢヘシメタマフナリ（Ｂ本ＡからＣへ改む）

③廣弘。四十八願（一二九–6）　Ａメシメタマフニ　Ｂヒロメタマフニ　Ｃシメタマフニ

④處處嘆歸。（一三六2）　Ｃセシメタマヘト　ＡＢセシメタマヘリ

⑤光明名聞。（一五八–6）　Ａキカシメタマフ　ＢＣキカシメタマフト

⑥致使。如來（一七七–1）　ＡＢＣシメタマフコトヲ

⑦故使。如來（一七八4）　ＡＢＣシメタマヘリ

⑧増長。三精氣（二三七–4）　ＡＢセシメタマヒキ　Ｃセシメタマフ

宗祖の著作には晩年になるほどに二重敬語が多用されており、『教行信証』のみならず仮名聖教においても普通敬語から二重敬語への改定の例が見出される。

まず『尊號真像銘文』には広略二本が伝えられている中で、八十三歳に書かれた略本には

誓願におさめとりたまふとまふすこころなり（六二六–2）

とあるのが、八十六歳に書かれた広本においては

誓願におさめとらせたまふとまふすこころ也

と二重敬語に改められている。

更には『浄土三經往生文類』にも広略二本が伝えられている中で、八十三歳に書かれた略本には

その末尾においては

よくよくこころうべしと（五九六-3）

とあるのが、八十六歳の広本においては

よくよくこころえさせたまふべし

とあって二重敬語を用いて敬意が深められている。

『尊號真像銘文』広略二本間の本文改定についてはかつて論じたことがあるのだが、先の例のみならず略本から広本への敬意の深まりを指摘した所である。

今回の訓点に見られる改定例と考え合わせてみると、宗祖は晩年になるに従って如来のみならず祖師方あるいは門弟方に対する敬意をより深めていかれたと思われる。かな聖教の見直しと共に、坂東本においても朱筆をはじめとする数多くの改定が加えていかれたといえよう。

消息類においても二重敬語が用いられた多数の例を見るのだが、宗祖の教えを口伝として伝えている『歎異抄』においても師訓篇に二例、歎異篇に八例が見出される。師訓篇の二例を示すと次の如くである。

①すなはち攝取不捨の利益にあづけしめたまふなり。（一〇五三-5）

②おのおの十餘ケ國のさかひをこえて、身命をかへりみずして、たづねきたらしめたまふ御こころざし、ひとへに往生極楽のみちをとひきかんがためなり。（一〇五四２）

①は如来の他力廻向への謝念・敬意がいよいよ深まっていった結果かと思われるが、②ははるばると関東から宗祖のもとをたずねてきた門弟達への二重敬語であると考えると、善鸞義絶事件を受けて宗祖自身がいよいよ如来に対してのご恩報謝の念だけでなく、門弟達への謝念とともに敬意を深めていかれたことがあとづけられるかと思われる。『歎異抄』が伝える宗祖の口伝は八十五歳の頃に残されたものではと推定する。

五、言曰云の訓点について

宗祖が『教行信証』において数多くの経論釈を引用するに際して、それぞれに言曰云を区別して用いられていることについては、早くから指摘されてきた所であり、前篇において述べた所であるが、その用法区別については古くは中国あるいは日本にその先例があったことを受けてのことである。

宗祖独自の用法区別がなされている言曰云にも訓点が加えられているのだが、ここにおいても初稿本から改定本への訓点の変容の過程を見ることが出来る。

『教行信証』において言曰云によって区別して引用されている経論釈文は三四二あって、その内私釈文中の引文四二となる。これらを巻別に分けて一覧表として示すと次の通りである。

	言	曰	云
教	4	0	1
（私）	0	0	0
行	19	11	59
（私）	0	0	0
信本	23	6	18
（私）	3	0	1
信末	25	2	24
（私）	1	0	0
証	7	4	3
（私）	1	0	0
真仏土	19	5	11
（私）	8	3	2
化身土本	21	2	40
（私）	9	9	5
化身土末	21	2	15
（私）	0	0	0
合計	139	32	171
（私）	22	12	8

これらの引文の中には訓点が見られないものが坂東本においては一六四ある。西本願寺本には坂東本書写後に新たに訓点が加えられている例が多数あって注意を要する所である。

ここでは坂東本に見られる訓点を中心として考察することとする。まずそれぞれに加えられた訓点例を示してみたい。

○言―ノタマハク　マハク　ノタマヘリ　ノタマヘリト　マヘリト　マヘルナリ　ハク　サク
　ク　ヒ　ル　ヘリ

○曰ーク　ヘリ　ヘル　フ　フナリト　ナリ

○云ーク　ヘリ　ヘル　ヒ　ノタマハク　フカ　カ

これらの中で最も注目すべきは、言に見られる「ノタマヘリ」などと敬語表現が用いられるのが三六例見出されることである。一方敬語がなくて「ハク」「ク」などとあるのが七二例見られる。

六、『教行信証』中の主要文類二八文について

既に前篇において坂東本においては宗祖八十代のどこか、恐らくはその後半に丁の差し換えが行われたと思われることを述べた所である。そこでは異体字の「旡」を用いて書き改められているのだが、信巻中の四七丁については、特徴的な訓点が見出される。

経文の引用に当っては言について「ノタマハク」「ノタマヘリ」などと敬語表現が用いられていて、他の引文と区別しようとする意図があったのではと思われるのである。

こうした敬語を用いて他と区別しようとする文類は二八文あり、これらを次に初稿本を書写したと考えられる専修寺本との異同を示しつつ列挙することとする。確認の便を考えて『親鸞聖人真蹟集成』第一巻の頁・行数を（　）内に合わせて示すこととする。専修寺本の訓点はその後に明示してみたい。

①六七-1（一六二1）大経十八願文　ノタマハク―マハク
②六八2（一六二4）如来会　ノタマハク―ク
③八三-1（二〇五2）本願成就文　ノタマハク―ク
④八四4（二〇五-4）涅槃経　マハク―ク
⑤八五2（二〇七-1）涅槃経　マハク―ク
⑥八五4（二〇八3）涅槃経　ノタマハク―ナシ
⑦八五7（二〇八-1）華厳経　ノタマハク―ク
⑧八五-6（二〇九2）華厳経　マハク―ナシ
⑨八五-5（二〇九3）華厳経　マハク―ク
⑩八八4（二一七3）本願成就文　マハク―ク
⑪八八6（二一七4）如来会　マハク―ナシ
⑫九三-2（二三一-3）本願成就文　ノタマハク―ハク
⑬九四1（二三一-1）如来会　ノタマヘリ―マヘリト
⑭九四3（二三二2）大経　ノタマヘリ―マヘリト
⑮九四5（二三二4）涅槃経　ノタマハク―ク
⑯九七3（二三九2）大経　ノタマハク―ク

⑰九七-1（二四〇-2）大経　マハク→ク
⑱九八-1（二四三2）大経三十三願文・三十四願文　ノタマハク—ナシ
⑲九九4（二四三-1）如来会　ノタマハク—ク
⑳九九7（二四四3）大経　ノタマヘリト—ヘリ
㉑九九-7（二四四4）大経　ノタマハク—ク
㉒九九-6（二四四-3）如来会　マヘリト—ヘリ
㉓九九-5（二四四-3）如来会　ノタマヘリト—ノタマヘリ
㉔一〇三6（二五四-2）如来会　ノタマハク—ク
㉕一〇四-3（二五八1）涅槃経　ノタマハク—ク
㉖一〇五3（二五八-2）涅槃経　ノタマハク—マハク
㉗一一二-2（二七九-1）涅槃経　ノタマハク—ク
㉘一二一5（三〇三-3）涅槃経　ノタマハク—ナシ

以上の二八文の内分けを見ると大経一〇、如来会七、涅槃経八、華厳経三となる。

『大経』とその異訳『如来会』の文が並記された四例①②、⑩⑪、⑫⑬、⑱⑲を加えてこの二経に多いのだが、これらに加えて『涅槃経』八文、『華厳経』三文あることには注目すべきかと思われる。

宗祖はほぼ完成していたと考えられる改定本について、わざわざ丁を差し換えてまで更に改定を加えねばならなかったのは、その一由として『教行信証』に引かれる数多い文類の中でも、その中核をなす最重要文類としての二八文を明示しようとする意図がうかがわれるのである。

「ノタマフ」の語は「言ク」の尊敬語として古くから用いられており、その語の成り立ちは、重要な言葉を口に出すことの意味をもつ「のる（告る・宣る）」の連用形「のり」に尊敬の助動詞「たまふ（給ふ）」が一体となった「のりたまふ」が変化して一語化したものととらえられている。身分の高い人の発言に対して用いられてきたのである。

宗祖は数多い文類の中でも最重要と考えられる経文について、二八文を選別して「ノタマフ」という訓点が加えられることによって釈迦・弥陀二尊への尊敬の念を深めることに至ったのではとおしはかる。

差し換えられた部分においては、それまでの无から无が用いられて異体字も変化している。宗祖八十代のかな聖教を見ても无が用いられていることから晩年の字体の特徴の一つと考えてもいいかと思われる。

それに加えて信巻引用の数多くの経典の中から二十八文を選んで「ノタマハク」という訓点を用いて敬語表現に改められている所から、主要文類であることを明示しようという意図があったのではと考える。

差し換えられた部分の特色として、差し換え前の部分に数多くあったであろう朱筆による改定がほぼ見られないことがある。わずかに四例のみの朱点があるが、これは差し換えが完了した後に新たに加筆されたかと考える。

次に差し換えられた部分に見られる二十八文とは何を説かんとする文類であるのかについて言及する必要があるかと思われる。

先に列記した順に従って示していくと、①～⑨の九文は信楽釈の要文、⑩⑪は欲生釈の要文、⑫～⑮の四文は信一念釈の要文、⑯⑰の二文は横超断四流釈の要文、⑱～㉔の七文は真仏弟子釈の要文、㉕仮偽弁釈の要文、㉖難治機釈文、㉗不入涅槃の一文、㉘闍王逆悪の起因を説く一文ということになる。

信巻を通しての大命題ともいうべき闡提往生についての拠り所ともなる経文が中心となっているかと思われる。

二八文中に本願成就文が三文引かれていることについて注目に価する。『教行信証』にはこれが四文引かれているが、その内の三文がこの中にあることとなる。

残りの一文は信巻本の初めにあるのだが、そこでは引文に際して「本願成就文經言」（六八5）と示される。ここでの言には「ク」とのみの訓がある。ここで注目すべきは本文の「回向」の語に対して「セシメタマヘリ」との朱点が見られることであり、同じ成就文が略本に引かれる際には

「願成就文經言」とあって、ここでも言には「ク」とのみあり、経文中の「廻向」（二六二6）には「シタマヘリ」とあることから、略本から広本へと成熟度を増した訓点となっていることである。この点についてはは先にも述べた所である。

略本にはこの例のほかに成就文が三度引かれている。（二六四-5・二六五-4・二七三7）これら四例とも訓点は「ク」とあるのに対して、信巻に引かれる成就文四例の中で先の一例を除く三例には言に「ノタマハク」の訓があって敬語表現の深まりを見ることが出来る。

略本に見る四例中の一例（二六四-5）には「无上涅槃願成就文經言」とあって本文が引かれている。

更に広本に引く本願成就文について「本願欲生心成就文經言」（八八4）とあるものもあり、同じ本願成就文を引くに当っても本願文のどこに着目しての引用なのかを示そうとの意図が示されているかと思われる。

論を結ぶに当りこれまでに述べた広略二本の前後関係にかかわる論拠をまとめておきたい。

前篇においては広略二本における言曰云の用法区別について、経文を引くに当って広本では原則として言が用いられているが、その例外ともいえる例が略本においては全体の二二パーセントにも及ぶのに対して、初稿本を書写したと思われる専修寺本においては五・七パーセント、更に坂東本になると二パーセント弱となってその成熟度を増している。

略本では適合しない四例が、広本では改定されて適合することとなる。

更に略本では三法中心の体系、広本では信巻を加えて四法中心となる。その信巻には『涅槃経』文が多数引かれているが、それは信巻における命題の一つである悉皆成仏、ひいては闡提往生の拠り所となっていると思われる。略本は四法中心の体系に至る前の構想段階において書かれたものと考えるべきである。

後篇において諸本訓点の校合を重ねた所から明らかになったことを述べたのだが、広略二本の間においても試みた結果、本願成就文の引用が二本ともに四例が見出される。それらの訓点を比較してみると、略本においては四例とも言に「ク」とのみあるのに対して、広本では一例は「ク」、三例は「ノタマハク」となっている。

これに加えて『大無量寿経』巻下の引文についても同一文が引かれる中で訓点を見ると略本は「ク」（二六四1）、広本は「ノタマハク」（九九-7）とあって、いずれも広本の方が敬語の成熟度を増しているといえる。

本願成就文の「回向」への訓点についても略本は「シタマヘリ」（二七三-2）とあるのに対して、広本では「セシメタマヘリ（朱筆）」（六八6）と二重敬語に改められている。

『船舟讃』の「発起」に対する訓点では「キシタマヘリ」（二七六4）とあるのが、広本では「セシメタマヘリト」（七八3）とこれも二重敬語に改められている。

『正信偈』中の語についても五例にわたって敬語の改定がなされていることも前述の通りである。

以上のことを総合的に考えると、本文及び訓点の成熟度という観点からすれば、略本は坂東本に先立つことは勿論のこと、初稿本を書写した専修寺本にも先立つものであり、初稿本が宗祖五十代前半の著作とすれば、それ以前の恐らくは四十代のどこかの構想段階で書かれたと思われる。

おわりに

『教行信証』に関する書誌学的な観点からの研究は古くから進められてきたのだが、その多くは唯一の真筆本である坂東本を中心として論じられてきた感がある。これまでに発表された数多くの研究書の中には、宗祖が著わされた『教行信証』は坂東本一本のみであることを前提として書かれたものもないではない。

しかしながら今回その本文のみならず、訓点についても諸本を校合した結果からいえば、坂東本に先行して著わされた初稿本がかっては存在していたことを想定しないと論理的に説明のつかない点が明らかとなってきた。

そのように考える至ったのは本論中にも記した如く、赤松俊秀氏による坂東本が書写本であるとの指摘が五十年以上の前になされており、小川貫弌氏がこの説に賛同を示していることに教示を受けて、本文及び訓点の諸本校異を明らかにせんと思い立ってから五年以上の年月が経過することとなった。勿論これら先学の説を受けて諸本の校合がなされ、多数の研究成果が明らかにされてきたのである。

こうした本文校異を中心とした成果を受け、これまでは余り注目されることが少なかった訓点の校合を重ねて、その全容を把握せんと努めた。

まず本文校異を中心とした研究については真宗連合学会において既に研究発表したものであるのだが、今回はその後の成果を加えて書き改めたものを前篇として、新たに訓点校異を加えた結果を後篇とし、更に本文及び訓点の校異結果を、訓点に限っては必要と思われるものに限定して付篇として掲載することとなった。

前篇では本文の異同から考えて、専修寺本が坂東本の書写本ではあり得ないことを示したのだが、後篇でも七七九五の校異が認められた訓点についてこの両本が一致しない訓点が全体の八九パーセントにも及ぶものである所から、これらの訓点は全く時期を異にして加点されたとしか考えられない。

こうした事例を受けて専修寺本は坂東本に先立って書かれた初稿本を書写したものであると考えるに至った。専修寺本に見られる書写に際して生じた誤字を修正すれば、ほぼ初稿本の本文及び訓点を復元することも不可能ではないかと思われる。

今回は合わせて広略二本の前後問題にもふれることとなったが、これら二本間の本文及び訓点についての校異に検討を加えた結果として略前広後説が正しかったといえる。

初稿本に改訂を加えながら書写された坂東本はその最晩年に至るまで加筆訂正が加えられた結果

として、いよいよ成熟度を増していったといえよう。

略本は『教行信証』が著わされるまでの構想段階の時点で書かれた著作と考えるべきであることを示して本稿の結びとする次第である。

平成二十八年二月十七日脱稿

付篇『教行信証』本文及び訓点校異抄出

編集指針

一、本篇は『教行信証』諸本の中で、鎌倉時代の写本A坂東本、B西本願寺本、C専修寺本の三本を中心として、これらに室町時代の写本D存如・蓮如書写本、E佛光寺本の二本を加えた五本を校合した異同を示さんとするものである。ABC三本についてはそれぞれの影印本において校合した結果をもととし、D本については影印本を見ることが出来なかったため、これまでに示された校合結果を参考としている。E本については写真データによって校合することとした。

二、校合に際しては何らかの異同が認められた本文及び訓点について可能な限り摘出したのが、本文校異は出来るだけ全てにつき、訓点校異は膨大な数に及ぶこととなるので本論文に関係するものに加えて、必要と思われものに限って掲載することとした。

三、本論は本文中にも示した如く『浄土真宗聖典全書』二に所収の本文を底本として、その頁数・

行数に従って順次校異を示すこととした。合わせて東本願寺出版の『教行信証』三本も参照している。これら両本ともに異体字の問題を除けば、坂東本が忠実に復刻されているといえる。しかし『聖典全書』に示される坂東本と他本との校異を示す脚注については、本文及び訓点についての指摘誤り、あるいは指摘もれと思われる点が見出されるので、これを修正したいとの願いもあって校異一覧を掲載した次第である。明確にするため、指摘誤りと思われる部分を含む場合には頭に●印を、指摘もれかと思われる校異については○印を付することとした。

四、頁数・行数を示すに当っては本文校異を上にして、訓点のみの校異については一字下げて示すこととした。

五、朱筆による本文及び訓点については——を付して区別している。

六、異同を示すに当たっては底本の表記にならって右傍補記などと示すが、単に右記などとも示している。

七、異体字に関しては適宜指摘することとし、未末についてはA本では一例を除いて正確に示されていることを受けて、異同ある場合は示している。巳已己についてはA本で区別しようとする意図は認められないことから示していない。

八、同じ行に同一漢字が複数ある場合には、三例以下の時は上中下によって、四例以上の時は上から順に何番目にあるかを漢数字によって明示している。

九、細注に見られる文字については㈼を付して区別することとする。

○教巻

6　1ABC選述号ナシ　E愚禿釋親鸞述

○　4熟A欠　C熟

5彰㊨AEレテ　BCシテ　㊧ACEナシ　B

シャウ反

6救濟㊨Aナシ　BCクサイシ　Eシ　㊧AE

ナシ　Bタスケスクフ　Cタスク反スクフ反

-4證A欠　B徳（欄外に證と記し徳を證なること

を示す）

7　5覆蔽㊨ABセラレハ　Cフクヘイセラレハ

Eフヘイセラレハ　㊧ABEナシ　Cオホワ

ル

-5慶㊨ABヨロコハシイ　Cヨロコハシキ　E

ハシキ

9　2選述号Aナシ

-2欲㊨ABオホスナリ　B「オモテナリィ本」

左傍註記　Cオモテナリ　Eシテナリ　㊧C

オホシテナリ（小さく記す）

○

10　3言C云を言と上書訂記　㊨ABCノタマハク

Eク

-6導B「道アル本ニコノ字」と下欄註記　C道に寸

を小さく補記

11　-4御㊨Aシタマク　BCコシタマフ　Eスル

-3白㊨ABシテ　Cリシ　Eテ

12　1觀察㊧AEナシ　Bミソナハシテカヽミテ

Cミソナハシ反　カヽミテ反

5有情　CE衆生

-5妄㊨ABレ　Cワスレ（小さく補記）　Eハス

レ

-5待㊨ABツカヘタマフ　Cツカヘタテマツラ

ムト　Eツカマツル　㊧ACEナシ　Bヘタ

テマツラムト

○

-5諦聽C下欄補記　㊨AEニ　ケト　BCアキラ

カニキケト

-4云㊨ABナシ　CEク

-1㈳述最勝之道　E大文字

-1 ㊟述㊨ＡＢシュッスルナリ　Ｃシュチスルナリ　Ｅスルナリ　㊧ＡＢＥナシ　Ｃノフ反

13 1 此Ａ是を此と上書訂記　ＣＥ是

1 勝|Ａ右傍補記（朱筆）

○行巻

14 1 浄土Ａ右傍補記　Ｃナシ

2 選擇本願之行　Ｃナシ

15 1 Ｂ題号の次行に「愚禿釋親鸞集」とあり　Ｅ釋ナシ　ＡＣ選号ナシ

-4 言㊨ＡＢＥナシ　Ｃマハク

-3 施㊨ＡＢＥセム　Ｃセセム　㊧ＡＥナシ　ＢＣホトコシアタフ

-6 ㊟第十七願ＡＢ上欄註記（Ａ別筆）　ＣＤＥナシ

-6 設Ｂ「諸佛咨嗟之願」と右傍註記

-2 言㊨ＡＥク　Ｂノタマハク　Ｃマハク

16 1 言㊨ＡＥナシ　Ｂノタマハク　Ｃマハク

3 言㊨ＡＢＥナシ　Ｃマハク

4 證細注ＡＢ上欄註記　ＣＤＥナシ

○

-5 經細注ＡＢ上欄註記（Ａ別筆）　ＣＤＥナシ　經Ａ上欄補記

-4 言㊨ＡナシＢノタマハク　Ｃハク　Ｅク

17 1 言㊨ＡナシＢＣハク　Ｅク

2 蠕動㊨Ａネン反　ＢＣネン　㊧ＡＢナシ　Ｃムクメク　Ｅナシ

7 言㊨ＡＥク　ＢＣイハマク　Ｅサク

-6 言㊨ＡＢノタマハク　Ｃハク　Ｅク

-4 世Ｃ下欄補記

-1 名㊨Ａナシ　ＢＣミナヲ　Ｅヲ

18 5 間ＤＥ國　Ｅ「間ィ」と下欄補記

-5 蔽㊨ＡＢＥト　Ｃヘイト　㊧ＡＥナシ　ＢＣホムナウナリ

-5 憍慢㊧ＡＥナシ　ＢＣオコリ　アナトル

-5 懈怠㊨ＡＢＣノモノハ　Ｅトハ　㊧ＡＥナシ　ＢＣオコタル　オコタル

-4 聴聞㊨ＡＥナシ　セム　ＢＣユルサレテキク

シンシテキク
-3在㊨ＡＢセトモ　Ｃマシマセトモ　Ｅニ
-1忘㊨ＡＢＥナシ　Ｃ妄ワスレ

○

19

1原ＤＥ厚
4言㊨ＡＥナシ　Ｂノタマハク　Ｃマハク
4言㊟六字Ｃ大文字
4㊟譯㊧ＡＥナシ　ＢＣツタヘタマフトナリ

○

6後Ｂ復
7㊟已上Ｃナシ
-7破㊨ＡＢＥシ　Ｃス　Ｂ「スィ本」と左傍註記
-4曰㊨ＡＣナシ　ＢＥク
-4言㊨ＡＢＥク　Ｃハク

20

-4苦Ｃ「若歟」と上欄註記
-6堅牢㊨ＡＢＥナシ　ノ　Ｃケン　ラウノ　㊧
ＡＥナシ　ＢＣカタク　カタシ
-6傾動㊨Ａナシ　Ｂクヰヤウス　Ｃクヰヤウト
ウス　Ｅナシ　ス

21

1滋味㊨ＡＥシミ　Ｂシ　ナシ　Ｃシ反　ナシ
㊧ＡＢコキアチワイ　ナシ　Ｃシケシ　コキ
アチワイ　Ｅナシ
6曰㊨ＡＥナシ　ＢＣク
6法Ｃ海（法と上欄註記）
-6在㊨ＡＢＥスカ　Ｃマスカ
-6无㊨ＡＢＥマサス　Ｃマシマサス

22

1切（上下）Ｃ功（上下）
2人ＢＣＥ又
3曰㊨ＡＣＥナシ　Ｂク
3曰㊨ＡＣＥナシ　Ｂク
-3儀Ｃ議（「儀ィ」と上欄注記）

23

1云Ｃ言㊨ＡＥナシ　ＤＣク
2曰㊨ＡＢＥナシ　Ｃク
7曰㊨ＡＢＥナシ　Ｃク
-6阿惟越致㊧ＡＢフタイノクライナリ　ＣＥナ
シ
-6疾（上）㊨Ａク→トク　ＢＣトク　Ｅク
-2名㊨Ｃミナヲ　ＡＢナシ　Ｅヲ

24

-1従㊨Aシタカテ|　BCEシタカテ
-1彼㊨Aレニ　BCEレニ
1曰㊨ACEナシ　Bク
1在㊨Aオケハ↓オケハ|　BCEオケハ
1便㊨Aチ|　BCEチ
2有㊨Aシテ↓マシテ|　BCマシテ　Eシテ
2得㊨Aト↓ウト|　BCEウト
5界㊨Aニ|　BCEニ
5名㊨ABEヲ　Cミナヲ
-5命㊨ABEス　Cシタテマツル　㊧ACEナシ　Bシタテマハ
-4聴㊨Aク↓キク|　BCキク　Eク
-3種㊨Aテ↓ウエテ|　BCウエテ　Eヘテ

25

1揚㊨Aヤウセムニ|　BCヤウセムニ　Eセン
㊧Aアク|　Bアク　CEナシ
1不㊨Aス↓シ|　BCシ　Eス
2量㊨Aノ|　BCEノ
3總㊨Aスヘテ|　Bスヘテ　CEナシ

4遇㊨Aアテ|　Bアテ　CEテ
4過㊨Aクル↓スクル|　BCスクル　Eル
4速㊨Aニ↓スミヤカニ|　BCスミヤカニ　Eニ
5應㊨Aシト↓シト|　BCシト　Eシ
6就㊨Aシタマヘリト|　BCEシタマヘリト
-7註㊨Aニ↓チュニ|　Bチウニ　CEニ
-5途㊨Aミチ|　BCEミチ　㊧Aツ|　Bツ　CEナシ
-5示㊨Aシメサム|　BCシメサム　Eサン
-4亂㊨Aミタル|　BCミタル　Eタル
-4障㊨Aサウ|　BCサフ　Eフ
-4顧㊨Aコノ|　BCコノ　Eノ　㊧Aカヘリミル|　BCカヘリミル　Eナシ
-3顚㊨Aテン|　Bテン　CEナシ
-3壞㊨Aヱス　BCエス　Eス
-2斯㊨Aレ↓レ|　BCレ　Eノ
-2觸㊨Aル、ニ↓フル、ニ|　BCフル、ニ　E

ルニ
-2歩㊨Aフ　BCフ　Eナシ

26

2衍細注ABC上欄註記（Bには前頁にもあり）
2航細注ABC上欄註記　CDEナシ
2㊟航㊨Aカウ反　BCカウ反　ABCナル
Eナシ　㊧Aフナワタシ　Bナル反フネノホ
ナリ　Cフネノホナリ
2優㊨Aウ　BCウ　Eナシ
2蓋㊨Aシ→ケタシ　BCケタシ　Eシ
3衛㊨ABEナシ　Cヱ
4説㊨ABEキタマフ　Cタマフ
5服Aフク→フク　BCフク　Eナシ　㊧AB
シタカイ　CEナシ
5傍㊨Aソエテ→ソエテ　BCEソエテ
6加㊨ABセ　Cシ下ハ　E下ハ　㊧Aクワウ
BCクワウ　Eナシ
6達㊨ABセム　Cセム反　Eセン　㊧Aサト
ル　BCサトル　Eナシ

6乞㊨Aコチ　Bコチ　Cコチ反　Eナシ　㊧
Aコウ　BCコウ　Eナシ
7告㊨ABツケタマヘリ　Cタマヘリ　Eケ下
ヘリ
7督細注AB上欄註記　Cナシ　E冬毒反
7告㊨ABツケタマヘリ　Cタマヘリ　Eケ下
ヘリ
-3既㊨Aニ→ステニ　Bステニ　CEニ
-3豈㊨Aアニ　BCアニ　Eニ
-2敬㊨Aナリ→ニシテ→ニシテ　BCニシテ
Eナリ　㊧ABEナシ　Cウヤマフ
-2推㊨Aスルニ→スイスルニ　BCスイスルニ
Eスルニ　㊧ヲス　BCオス　Eナシ
-1宜㊨Aヨロシク　BCヨロシク　Eク　㊧A
BCヘシ　Eシ
-1命細注A上欄註記　BCナシ
-1解㊨Aケスルニ　BCケスルニ　Eスルニ
-1汎㊨Aヒロク　BCEヒロク　㊧AEナシ

BCハン

27

-1 談㊨Aタンス BCタンス Eス

1 彌㊨Aイヨイヨ BCEイヨイヨ

1 何㊨Aカ BEカ Cイカンカ

● 2 稱細注AB上欄註記 Cナシ DE「昌孕反昌
陵反」ナシ B「秤ィ本」と左傍註記

6 説㊨Aリ Bキタマヘリ Cク Eケリ

6 何㊨Aソ→ソ BCEソ

6 言㊨ABEフ Cノタマフ

-7 畢㊨Aヲワル Bオハル CEナシ

-7 龜㊨Aクヰ BCクヰ Eナシ

-6 生(下)㊨Aスル BCEスル

-5 假㊨Aニ→カリニ BCカリニ Eニ ㊧A
ケ Bケ CEナシ

-2 一(上)㊨Aナラハ→ナラハ BCEナラハ

-1 委㊨Aヰ BCヰ Eナシ ㊧Aクワシ B
クワシ Cクワシク Eナシ

-1 行㊨Aカウノ BCカウノ Eノ

28

1 何㊨Aノ→レノ BCEレノ

1 依㊨Aルナリ→ルナリ BCEルナリ

3 四A上欄補記 C日(四右傍補記)

3 含㊨AEナシ BCコム ㊧Aフウム BC
フウム Eナシ

4 外㊨Aノ→カノ BCカノ Eノ

7 偽㊨Aクヰナリ BCクヰナリ Eナリ ㊧
Aイツワル BCイツワル Eナシ

-4 蓋A上欄註記

-1 往生㊨ABEセシメタマヘルナリト Cセシ
メタマヘリトナリ

-1 ㊟抄出C已上抄出

29

1 云㊨ABEナシ Cク

2 遣㊨Aセシメ BCセシメ Eシメ ㊧Aケ
ン BCケン反 Eナシ

3 非㊨Aサルカ BCサルカ Eス

3 是㊨Aレ BCEレ

4 狀㊨ABCEカタチ ㊧Aジヤウ BCシヤ

ウ　Eナシ
4
父王A上欄補記　㊨Aニ→ニ　BEニ　Cナシ
4如㊨Aシ→シ　BCEシ
5林㊨Aノ　BCEノ
5旬㊨Aナラムニ　BCEナラムニ
5芽㊨Aケ　BCケ　Eナシ　㊧Aクキ　BCクキ　Eナシ
6臭㊨Aクシテ→クサクシテ　BCEクサクシテ　㊧ABシュ　CEナシ
6噉㊨Aタンスルコト　BCEタンスルコト　㊧Aナムル　クラウ　BCナムルクラフ　Eナシ
6狂㊨ABEヲ　Cクヰヤウヲ　㊧Aクルウ　Bクルフ　Cクルフナリ　Eナシ
7纔㊨Aニ→ワツカニ　BCワツカニ　Eカニ
7昌㊨Aシヤウ　BCシヤウ　Eナシ
7遂㊨Aニ→ツイニ　BCツイニ　Eヒニ
7改㊨Aカイ　BCカイ　Eナシ　㊧アラタム　Bアラタム　Cアラタムル　Eナシ
7美㊨Aミナラシム　BCEミナラシム　㊧AEナシ　BCヨシ
-5改㊨Aムルカ　BEムルカ　Cアラタムルカ
-4謂㊨Aク　BCイハク　Eク
-3積㊨Aテ→ツミテ　BCツミテ　Eミテ
-3計㊨Aケシテ　Bケシテ　Cハカリテ　Eシテ　㊧Aハカリテ　Bハカリテ反　Cクシテ反　Eナシ
-3一(上)C切と上欄補記　D一切　E一(切ナシ)
-2改㊨Aテ→アラタメテ　BCアラタメテ　Eテ
-1部C鄣(部と上欄註記)　B鄣を部に改め「イ本」と左傍註記「障イマ字歟」と下欄註記
30
1用㊨Aモテ　BCEモテ
1奏㊨Aスルニ→ソウスルニ　BCソウスルニ　Eスルニ
2障E部(鄣と右傍註記)

3搆㊨Aシホシ↓シホシ　BCEシホシ
3取㊨Aテ↓テ　BCEテ
3乳㊨Aヲ↓ヲ　BCEヲ
3置㊨Aヲカムニ　BCオカムニ　Eカンニ
3將㊨Aモテ　BCモテ　Eシテ　㊧ABマサ
ニ　CEナシ
4投㊨Aトウ　Bトウ反イル丶ニ　Cイル丶ニ
Eナクルニ　㊧Aナクルニ　Bナクル　CE
ナシ
4過㊨Aスキテ　BCスキテ　Eテ
4壞㊧ABヤフル(直前の破への訓)
4水㊨Aト↓ト　BCEト
5行㊨Aスレ　BCEスレ
5味㊨Aヲ　BCEヲ
5過㊨Aスクルニ　BCスクルニ　Eテ
5難㊨Aハ丶カリ　BCEハ丶カリ
6持㊨Aモテ　BCEモテ
6翳㊨ABエイ　Cエイ反　Eナシ　㊧Aカク
ス↓カクス　BCカクス　Eナシ
7行㊨Aスレ　BCEスレ
7无㊨Aキ↓キ　BCキ　Eシ
7遮㊨Aシヤ　BCシヤ　Eナシ　㊧Aサイキ
ル　Bサイキル反サヘ反サワル反　Cサヘ
Eナシ
-7障㊨Aコト↓ルコト　BCルコト　Eスルコ
ト　㊧AEナシ　Bサワル反　Cサワル
-7故(上)㊨Aソトナラハ↓ソトナラハ　BCソ
トナラハ　Eソ
-7也DE也＋以上
-6味AB味
○
-6不㊨Aルニハ↓ルニハ　BCEルニハ
-5貧(上)㊨Aトンヲ↓トンヲ　Bトンヲ　CE
ヲ
-5癡(上)㊨Aチヲ　BCヲ　Eナシ
-4除(下)㊨Aコト↓コト　BCEコト
-1陀㊨Aノ↓ノ　BCEノ

31

-1號㊨Aカウヲ↓カウヲ　Bカウヲ　CEヲ
-1下㊨Aモ　BCEモ
1足㊨Aスト↓スト　BCEスト
2禮Aマツルト↓マツルト　BEマツルト　C
ツルト
3云C曰
3又如A上欄註記
4顧Aカヘリキ　Bナシ　Cカヘリミ　Eミ
4都㊨Aテ↓スヘテ　BCスヘテ　Eテ
5勉㊨Aコトヲ↓マヌカルコトヲ　BEマヌカ
ル、コト　Cマヌカルコト
5更㊨Aニ↓サラニ　Bサラニ　Cラニ
Eニ
5劇㊨Aシテ↓キャクシテ　BCEキヤクシテ
㊧ABハケシ　CEナシ
7既㊨Aニ↓ステニ　BCステニ　Eニ
-7捨㊨Aテ↓テ、　BEテ、　Cテ
-6光明寺和尚云A右傍補記

-6又如A上欄補記
-6云(下)㊨Aカ↓カ　BCEカ
-5閑㊨Aケンニ　BCケンニ　Eニ　㊧Aシツ
カナリ　Bシツカ　Cシツカナリ　Eナシ
-5亂㊨Aラン　Bラン　CEナシ
-5係㊨Aカケテ　BCカケテ　Eテ
-5觀㊨Aセ　BCEセ
-5貌㊨Aメウヲ　BCメウヲ　Eヲ　㊧Aカタ
チ　Bカタチ　CEナシ
-5見㊨Aヲ↓ヲ　BCヲ　E上ルキヲ
-4遺㊧Aケン　Bケン　Cナシ　Eシムル
-3意㊨Aカ↓カ　Bナシ　CEカ
-3細㊧Aコマカニ　BCコマカニ　Eナシ
-3麤㊧Aアラシ　BCアラシ　Eナシ
-3識㊧Aタマシイ　Bタマシヰ　C次の字颺の
左にタマシイ　Eナシ
-2憐㊨Aシテ↓レンシテ　BCレンシテ　Eシ
テ　㊧Aアワレム　Bアワレミ　CDアワレ

ム　Eナシ
-2勸㊨Aテ↓メテ　BCメテ　Eテ
-2由細注AB上欄註記　Cナシ
-1交㊨Aマシリ　Bマシワリ　Cマシリ　Eハ
リ

32
1齊B齋　㊨Aヒトシク　BCヒトシク　Eシク
㊧Aナル↓フタヽヒ　BCフタヽヒ　Eナシ
1乖㊨Aソムカム　BCEソムカム
2須㊨Aク↓スヘカラク　BCスヘカラク　E
サル
3曲㊨Aマカレル(右記)ニ↓ルニ　BCマカレ
ルヽニ　Eレルニ
3導㊨Aリ↓サワリ　BCサワリ　Eリ
3問B間
4課㊧Aオホセ　BCオホセ　Eナシ
5也Cナシ
6來㊨Aシ↓タシ　BCタシ　Eシ
6取D「収ィ」と左傍註記　CE収　㊨Aニ↓ルニ

BCEルニ
-3云C言
-3不㊨Aサルカ　Bサルカ　CEルカ
-3名㊨ABEクト　Cナツケタテマツル

33
2苦㊨Aミ↓シミ　BCシミ　Eミ
3願㊨Aス↓セヨト　BCセヨ　Eス
4受㊨Aシタマフヘシト　BCシタマヘリ　E
シ下ヘク
7遣㊨Aシテ↓ツカハシテ　BCツカハシテ
Eシテ
-5念㊨Aシタマフ↓シタマフ　BCシタマフ
Eセ
-3有㊨ABマシマス　Cマシマサム　Eリ
-3憑㊨Aタノム　BCタノム　Eノム　㊧Aヘ
ウ　BCヘウ　Eナシ
-3願㊨Aハ　BCEハ
-1在㊨ABマシマシテ　Cマシテ　Eシテ

34
1聞㊨ABCテ　Eテ(キクハ右傍補記)

1説㊨ABCヲ　Eヲ(テ右傍補記)
1佛㊨ABCヲ　Eハ(ヲ右傍補記)
6於㊨ABCシテ　Eシテ(ヨリ右傍補記)
7言㊨ABCヲ　Eヲ(ト右傍補記)
7經㊨ABCヲ　Eナリ(ヲ右傍補記)
-7念CDE念+経(E抹消)
-6成D禮讃(Eナシ)+證成　E誠
-5經㊨Aト　BCEト
-4憑㊨Aタノム　BCタノム　Eノム
-4勵㊨Aシテ↓ハケマシテ　BCハケマシテ
Eマシテ　㊧Aレイ　Bレイ反　CEナシ
-4意㊨Aヲ　BCEヲ
-4去㊨Aサラ　BCサラ　Eユカ　㊧Aユカ
Bユカ反　Cユカ　Eナシ
-4㊟禮(上)Cナシ
-3莫㊨Aナシ↓ナキ　Bナシ　CDナキ　Eシ
-3乘細注AB上欄註記　Cナシ　DE「又寶證反」
ナシ

35
2云㊨ABCEナシ　Cイフ
2言A上欄註記　㊨ACEナシ　Bク
4「人命~已上抄要」別筆
5名A上欄註記
6心C向(「心ィ」と上欄註記)
-7又云D「二字イ無」と左傍註記
-6覺細注AB上欄註記　Cナシ
-5得㊨ABエシメタヽヘリ　CDエシメタマヘ
リト　Eシメ下ヘリト
-4㊟要D「出ィ」と左傍註記
-3歸(三)㊧Aヨリタノムナリ↓ヨリタノムナリ
B㊨タヨリノムトイフ　㊧ヨリタノムナリ
C㊨ヨリタノムトイフ　Eナシ　A㊨ナシ
-3説(中)D税(税と上に貼紙)　㊨Aエチ　Bセチ
ノ　Cセチ　Eエチ
-3㊟悦㊨Aエチ　BCエチ　Eノ　㊧Aヨロコ
フ　Bヨロコフ　Cナシ　Eヨロコフ
-2㊟税(上)㊨Aサイノ　Bサイ　CEサイノ

-2 ㊟税（下）㊨Aサイ　BEサイ　Cサイノ
-2 ㊟二㊨Aノ　BCEノ
-2 ㊟告㊨Aツクル　BCEツクル
-2 ㊟述㊨Aノフ　BCノフル　Eナシ
-2 ㊟宣㊨Aノフル　Bノフル　Cセン　Eノヘ
㊧Bセン　ACEナシ
-2 ㊟述㊨Aル　Bノフル　Cル　Eフル　㊧B
Cシュチスルナリ　AEナシ
-2 ㊟意㊨Aヲ　BCEヲ
-2 ㊟招㊨Aマネキ　Bマネキ　Cセウ　Eマネ
キ　㊧Aメシ　Bセウ　CEナシ
-2 ㊟引㊨Aヒク　Bヒク　Cナシ　Eヒク　㊧
Bイン
-2 ㊟計㊨Aハカラフ　BCハカラフ　Eナシ
-2 ㊟召㊨Aメス　Bメス　Cセウ　Eナシ　㊧
AEナシ　Bテウ　Cメス
-2 招㊨Aセウ　BCセウ　Eナシ　㊧ABマネ
ク　Cマネキ　Eナシ

-2 喚㊨Aクワン　BCクワン　Eナシ　㊧AB
ヨハウ　Cヨヒタマフ　Eナシ
-2 勅㊧Aオホセ　Bオホセ　CEナシ

36

1 彰㊨Aアラハス　BCアラハス　Eス
3 ㊟審㊨Aツハヒラカ也　BCツハヒラカナリ
Eナシ　㊧Aアキラカ也　BCアキラカナリ
Eツマヒラカ
3 ㊟然㊨Aシカラシムル　BCシカラシムトナ
リ　Eナシ　㊧Eシカラシムル
3 言細注C大文字
3 貌㊨Aカヲハセ　BEカヲハセ　Cカホハセ
4 設㊨Aタマフニ→マウケタマフニ　BCマウ
ケタマフニ　Eタマフニ
4 略㊨Aリャク　Bリヤク　CEナシ
4 随㊨Aフ→フ　BCEフ
5 乎㊨Aニ　BCEニ
5 熟㊨Aレカ→タレカ　BCEタレカ
5 與㊨Aアタヘム　BCアタヘム　Eアタエン

7學㊨Aアケタマヘルヲ　BCEアケタマヘル
ヲ
7細㊨ABナシ　Cサイ　Eナシ　㊧Aクワシ
BCクワシク　Eナシ
7綿D「連―」と左傍註記　㊨Aメンヲ　BCメン
ヲ　Eヲ
7豈㊨Aアニ　Bア　Cアニ　Eニ
7離㊨Aリ　BCリ　Eナシ
-7念㊨Aニ　BCEニ
-7乎㊨Aヲ　BCEヲ
-6理㊨Aナシ　BCEノ　㊧Aコトワリ　BC
コトワリ　Eナシ
-5雖㊨Aモ　Bモ　CEトモ
-5殊㊨Aシユナリト　BCシュナリト　Eナリ
ト
-5齊㊨Aサイ　Bサイ　CEナシ　㊧Aヒトシ
BCヒトシ　Eナシ
-5眞㊨Aニ→トニ　BCトニ　Eマコトニ

-4比㊨Aナラヒ　BCEナラヒ
-4嚴㊨Aカサルニ　BCEカサルニ
-4敷㊨Aテ→ヒライテ　BCEヒライテ
-3收㊨Aヲサムルコト　BCオサムルコト　E
コト
-2經細注C大文字
-2㊟照㊨Aセウ　Bセウ　CEナシ

37

1自㊨ABCオノツカラ　C「ミツカライ」と左
傍註記　Eヲ□ラ
1來迎C「十七願來迎」と上欄に貼紙
2特㊨Aニ→コトニ　BCEコトニ
2起㊨ABEナシ　Cキ　㊧Aタツ　オコス
BCタツオコス　Eナシ
2殊㊨Aシュセリ　BCシュセリ　Eセリ　㊧
Aスクレ　BCスクレ　Eナシ
3罪㊨Aミ　Bミ　CEナシ
4亡㊨ABEス　Cマウス　㊧Aホロフ　BC
ホロフ　Eナシ

7眞㊨Aマコト　Bマコト　CEナシ
7宗㊧Aムネ　Bムネ　CEナシ
-7須㊨Aク↓スヘカラク　BCスヘカラク　E
ク　㊧ABEヘシ　Cナシ
-7朦(上)㊧Aクラシ　BCクラシ　Eナシ
-7朦(下)㊧Aコモル　Bコモル　Cコモロ　E
ナシ
-6能A右傍補記
-5取㊨Aラ　BEラ　Cトラ
-4撥㊧Aスツ　BCEスツ
-4無㊨Aスル↓フスル　BCEフスル
-3禪㊨Aセン　Bセン　CEナシ
-3律㊨Aリチ↓リチ　BCリチ　Eナシ
-2便㊨Aチ　BCEチ
38
2勞㊨Aシクセ↓イタハシクセ　BCEイタハ
シクセ
2端㊨Aナヲシ　Bナヲシ反タン反　Cタン
Eナシ　㊧Aウルワシ　Bウルワシ　Cウル

ワシ反　Eナシ
2念㊨Aナシ　BCシタテマツル　Eス
4梁㊨Aリヤウト↓リヤウト　BCリヤウト
Eト　㊧Aヤナ(補筆)　BCEナシ
5急㊨ABCキウ　Eナシ　㊧Aイソカハシ
BCイソカハシ　Eナシ
5迅㊨ABCシン　Eナシ　㊧Aトシ　Bトシ
Cトク　Eナシ
5速㊨ABCソクナルコト　Eナルコト　㊧A
スミヤカ也　Bスミヤカ　Cスミヤカニ　E
ナシ
6證㊨ABEシタマフ　Cタマフ
7名㊨Aミナヲ↓ミナヲ　BCEミナヲ
7便㊨Aチ　BCEチ
-7一(下)D此
-7還㊨テ↓カヘリ　BCカヘリ　Eリテ
-7迎㊨AEフ　BCムカヘタマフト
-5等D「生ィ」と右傍註記

39

-5総㊨Aテ↓スヘテ　BCスヘテ　Eヘテ
-5經㊨Aヘ↓ヘ　BCヘ　Eナシ
-4値㊨Aチ　BCチ　Eナシ
-4遇㊨Aクシ　BCクシ　Eシ
-4開㊨Aクカ↓クカ　BCクカ　Eカ
-3値㊨Aヘリ↓アヘリ　Bアヘリ　Cマウアヘ
リ　Eヘリ
-3希㊨Aニ↓レニ　BCEニ
-2喚㊨Aヨハイ　ヨフ　タマフニ　BEヨハイ
タマフニ　Cヨヒタマフニ　㊧Aクワン
Bクワン　Cクワン反　Eナシ
-2回D「廻ィ」と左傍註記　E廻
-1結㊨Aフニ↓ムスフニ　BCムスフニ　Eニ
-1契㊨Aキリヲ↓チキリヲ　BCチキリヲ　E
リヲ
-1臺㊨Aニ↓ニ　BCEニ
1總㊨Aテ↓ヘテ　BCEヘテ
1來㊨Aレルニ↓ヘレルニ　BCカヘレルニ

Eヘレルニ
2携㊧Aセイケイ　Bセイケイ　Cケイ反　E
ナシ
3心㊨Aシテ↓シテ　BCEシテ
4借㊨Aシヤク　BCシャク　Eナシ　㊧Aカ
ル　Bカム　CEリシ
4臺㊨テナヽリ　BCEウテナヽリ
5總㊨Aスヘテ　BCEスヘテ
5迎來C「十八願迎來」と上欄に貼紙
6箇㊨Aエラハ　BCエラハ　Eハ
○
6將㊨Aトヲ(抹消)↓マサニ　BCマサニ　E
トヲとあるのは下の字貴字の訓
7持Aルトヲ↓テルトヲ　BCテルトヲ　Eナ
シ
-6語Aコトハヲ　BCコトハヲ　Eハヲ
-6等㊨Aニ↓ニ　BCEニ
-6去㊨Aム↓ラム　BCラム　Eラン　㊧Aス
ツ　Bスツ　CEナシ

-5相㊨Aヒ↓ヒ　BCEヒ
-5尋㊨Aテカ↓タツネテカ　BCタツネム　E
テカ
-5何㊨Aノ↓ノ　BCEノ
-5處㊨Aヲ↓ヲ　BCEヲ
-5報㊨Aヘテ↓コタヘテ　BCコタヘテ　Eヘ
テ
-5道㊨Aハク↓イハク　BCEイハク
-4報㊨Aコタヘテ　BCコタヘテ　Eテ
-4道㊨Aイハク　BCイハク　Eク
-3生㊨Aニ↓ノ　BCノ　Eニ
-3肯㊨Aコウアヘテ↓アヘテ　Bコウ反アヘテ
Cアヘテ　Eヘテ　㊧ABウケス　CEナシ
-2罪㊨Aミ　BCEミ
-2燈㊨Aノ↓トウノ　BCトウノ　Eノ
-1明㊨Aアキラカナルヤ↓アキラカナラムヤ
BCアキラカナラムヤ　Eナルヤ
1自㊨Aオノツカラ↓オノツカラ　BCオノツ
カラ　Eミラ
1親㊨Aシン　BCシン　Eナシ
1近㊨Aコンシタマフコト　Bコンシタマフト
Cコンシタマフ　Eシ下ト
4同㊨Aスト↓スト　BCEスト
4身㊨Aニ↓ニ　BCEニ
5興㊨Aコフ↓コウ　BCEコウ
5師㊨Aノ　BEノ　Cシノ
5初㊨Aニハ↓メニハ　BCメニハ　Eニハ
5説㊨Aヘリ↓ヘル↓ヘル↓ヘリ　BCヘリ
Eヘルナリ
5土D「因本疏有此字」と左傍註記
7云C言
7授㊨Aシュ　BCシュ　Eナシ
-7過㊨Aクワ　Bクワ　Cスキテ　Eテ　㊧A
キテ　Bスキテ　CEナシ
-6法㊨Aヲ　Bヲ　CEナシ
-6純㊨Aシュン　BCシュン　Eナシ

-5雑㊨Aマシワルコト　BCEマシワルコト
-4改㊨Aテ→アラタメテ　BCアラタメテ　E
テ
-4汝㊨Aカ　BCEカ
-3就㊨ABシタマヘリ　Cマヘリ　Eシ下ハリ

41

1云C言
1備㊨ソナハル　ヒ　BCEツフサニ　㊧Aツ
フサニ　BCソナワル　Eナシ
2令㊨ABEシメタマヘリト　Cナシ
3籍㊨Aヨリテ　BCEヨリテ　㊧Aシャク
Bシャク　Cシャク反　Eナシ
3故㊨Aヘト→ヘニト　Bヘト　Cヘニト　E
ニト
4誰㊨Aタレカ　Bタレカ　CEカ
4既㊨Aニ→テニ　Bテニ　CEニ
4成㊨ABDEシタマヘリ　Cシタマヘル
4自㊨Aミツカラ→オノツカラ　BCオノツカラ
ラ　Eラ

○行巻

5貴㊧Aタフトク　BCタフトク　Eナシ
5賤㊧Aイヤシ　BCイヤシ　Eナシ
5著㊨Aチョ　チャク　Bチョ　チャク反　Cチ
ョ反　Eチョ　㊧Aアラハス　シルストモ
Bアラハス　シルトモ　Cチャク反アラハス
反シルストヲ反　Eナシ
6牽㊨Aケント　BCEケント　㊧Aヒク　B
Cヒク　Eナシ
7逆㊨Aセ→セ　BCEセ
-7故㊤㊨Aニ→コトイハ　BCコトイハ　E
ニ
-7㊟願㊨Aトシテ　BCEトシテ
-7㊟欽㊨Aカクルコト　BCEカクルコト
-7㊟求㊨Aムルニ　BCEムルニ
-7㊟不㊨Aカ　Bカ　Cル　Eシカ
-7㊟虚㊨Aシ　BCシ　Eヲ
-6㊟縁㊨Aトシテ　BCEトシテ
-6㊟能㊨Aサルカ　Bルカ「アタハサルカ」補記

Cルカ　Eナシ
-6壊㊨Aヤフルコト　BCヤフルコト　Eコト
-6㊟果㊨Aハタシ　BCハタシ　Eナシ
-6㊟遂㊨Aトクルカ　BCトクルカ　Eカ　㊧
Aスイ　Bスイ反　CEナシ
-5總㊨Aテ↓スヘテ↓ソウシテ　BCソウシテ
Eナシ
-5令㊨ABEメムト　Cシメムト
-5増㊨Aサ↓マサ　BCEマサ　㊧Aス、ム
Bス、ム　Cニ　Eナシ
-4言㊨Aマヘリ　BCEマヘリ
-4行㊨Aヲ↓ヲ　BCEヲ
-4在㊨Aマスコトヲ　BEマスコトヲ　Cマシ
マスコトヲ
-1總㊨Aソウ　BCソウ　Eナシ

42
1徑A挃を徑と上書訂記
1晨㊨Aシム↓シム　BCシム　Eナシ　㊧A
BCアシタ　Eナシ

1暇㊨Aイトマヲ↓イトマヲ　BCイトマヲ
Eマヲ
1遂㊨Aニ↓ツイニ　BCツイニ　Eニ
1壊㊨Aノ　BCナシ　Eノ　㊧Aヤフル　B
Cヤフル　Eナシ
1之㊨Aニ↓ニ　BCニ　Eナシ
2資㊨Aタスケヲ↓タスケヲ　BCEタスケヲ
2收㊨Aオサムルコト↓オサムルコト　BCオ
サムルコト　Eコト
3夢㊨ABナシ　Cム　Eユメ（ム右記）　㊧A
ユメ　Bユメ　CEナシ
3幻㊨ABCグェンニシテ　Eニシテ（マホロ
シ右記）　㊧Aマホロシ　BCマホロシ　E
ナシ
3非㊨Aス　BCEス
3夭㊧Aモロシ　BCモロシ　Eナシ
3保㊨Aチ↓タモチ　BCEタモチ
3頃㊨Aアイタ　ケイ　キャウトモ　アイタニ

BアヒタニCアイタEタニ ㊧Aクヰヤ
ウ Bケイクヰヤウ反キャウトモ反 Cクヰ
ヤウ Eナシ
4復㊧カヘル Bカヘル Cカヘラス Eナシ
4悟㊨Aラ↓サトラ BCEサトラ
4徒㊨Aツラニ↓イタツラニ BCイタツラニ
Eニ
5居士㊨Aオトコ也 Bオトコナリ コ反シ反
CEナシ ㊧Aヰル ヒト Bヰル ヒト
Cオトコ Eナシ
5勸㊨Aス丶ムト BCス丶ムト Eナシ
6良㊨Aニ↓マコトニ BCEマコトニ
6由㊨Aルカ↓ルカ BCEルカ
6從(上)㊨Aリ BCEリ
6從(下)㊨Aリ BCEリ
-7立㊨セルカ↓セルニ↓セルニ BCEセルカ
-5元照D「觀經義疏」と左傍註記
-5況㊨Aヤ↓イハンヤ BCイハンヤ Eヤ

-5佛㊨Aケ BCEケ
-5慇㊨Aオン BCEオン
-5懃㊨Aコンニ BCコンニ Eニ
-5勸㊧Aス丶メ Bス丶メ CEナシ
-5囑㊨ABシタマヘリ CEソクシタマヘリ
㊧Aツケテ BCツケテ Eナシ
-5徧㊨Aケ↓ネク BCEネク
-4特㊨Aニ↓コトニ BCEコトニ ㊧AEナ
シ BCヒトリ
-4甘CD甘 E耳
-4憐㊨Aレン BCEレン ㊧Aアワレム B
アハレミ Cアハレミ Eナシ
-4愍㊨Aミンス↓ヒンス↓ヒンス BCEヒン
ス ㊧Aアワレミ Bアワレミ Cアハレミ
アハレム Eナシ
-3由㊨Aテナリ↓テナリ BCEテナリ
-3特㊨Aリ↓ヒトリ BCEヒトリ ㊧Aコト
ニ BコトニCEナシ

-3途㊧Aミチ　BCミチ　Eナシ
-3擇㊨Aエラハ　BCエラハ　Eナシ
-3緇㊨Aシ　BCシ　Eナシ　㊧Aクロク　ソウナリ　Bクロク反　ソウナリ　Cソウナリ　Eナシ
-3素㊨Aヲ↓ソヲ　BCソヲ　Eヲ　㊧Aシロシ　ヲトコナリ　Bシロシ反オトコナリ　Cオトコ　Eナシ
-1經E教
-1竝㊨Aニ↓ナラヒニ　BCナラヒニ　Eニ

43

1辯㊨Aスルコト　BCEスルコト　㊧Aワキマウ　BCワキマフ　Eナシ
1詳㊨Aツマヒラカナリ　BCEツハヒラカナリ
1問㊨Aヲ　BEヲ　Cナシ
1見㊨Aタテマツリ　BCタテマツリ　Eツリ
2來迎C「臨終來迎」と上欄に貼紙
3楞㊧Aイツクシ　BCイツク　Eナシ

3嚴㊧Aイツクシ　BCイツクシ　Eナシ
3習㊨Aシウスルコト　Bシウスルコト　CEスルコト
4魅㊨Aヲ↓ミヲ　BCEミヲ　㊧Aカクヰ　BCカクヰ　Eナシ
5約㊨Aシテ↓ヤクシテ　BCヤクシテ　Eシテ　㊧Aヨル　Bヨル　CEナシ
5撃㊨Aキヤウ　BCEキヤウ
5現㊨Aス↓ス　BCEス
5識㊨Aシリテ　BCEシリテ
6遣㊨Aケンセシム　BCケンセシム　Eセシム
6解㊨Aヲ↓サトリヲ　BCサトリヲ　Eヲ
7憑㊨Aム↓タノム　BCEタノム
7敢㊨Aテ↓アエテ　BCアヱテ　Eテ
7犯㊨Aスモノ↓オカスモノ　BCEオカスモノ
7蓋㊨Aシ↓ケタシ　BCケタシ　Eシ

7由㊨Aテナリ↓テナリ　BCEテナリ
-7摧㊨Aサイ　BCサイ　Eナシ　㊧Aクタク
BCクタク　Eナシ
-6遙㊨Aエウ　Bエウ　Eナシ
-6徹㊨Aテチ　BCEテチ　㊧Aトヲリ　BC
トヲリ　Eナシ
-6鑑㊨Aカン　BCEカン　㊧Aカヽム　BC
カヽム　Eナシ
-5豈㊨Aニ↓アニ　BCアニ　Eニ
-5人㊨Aヲ↓ヲ　BCEヲ
-4㝵㊨Aケ　BCケ　Eナシ　㊧Aサワル　B
Cサワル　Eナシ
-4在㊨ABマシマサム　Cマシマサムト　Eマ
サム
-3在㊨Aマサム　BCEマサム
-3鑑㊨Aチ↓カン　BCカン　Eナシ　㊧A
カヽム　BCカヽム　Eナシ
-3察㊨ABCサチスルコト　Eスルコト　㊧A

カヽム　Bカヽム　Cカヽミカヽム　Eナシ
-3邪C「耶歟」と左傍註記　CDE耶
-1佛㊨Aノ　Bナシ　CEノ
-1謂㊨Aハ　BEハ　Cイハ

44
1衆生C不捨
1在㊨ABCム　Eマサム
1況㊨Aヤ↓イハンヤ　BCイハンヤ　Eヤ
2感㊨Aカン↓カム　Bカン　Cカム　Eナシ
㊧Aカヽム　BCカヽム　Eナシ
2自㊨Aリ　BEリ　Cヨリ
4又細注A左傍註記　B上欄註記　Cナシ
4(注)昭DE照
4咸㊨Aク↓コトコトク　BCEコトコトク
4推㊨Aユツル↓ユツル　BCEユツル
5良㊨Aニ↓トニ　BCトニ　Eマコトニ
5従㊨Aリ　BCEリ
5秉㊨Aトリ↓トリ　BCEトリ
5志㊨Aヲ↓ヲ　BCヲ　Eシヲ

5躬㊨Aキワメ↓キワメ　BCキワメ　Eハム
5行㊨Aヲ↓ヲ　BCEヲ
5歴㊨Aテ↓ヘテ　BCEヘテ
5塵㊨Aチン　Bチン　CEナシ
5點㊨Aテン　BCテン　Eナシ　㊧Aシルス
BCシルス　Eナシ
5劫㊨Aヲ↓ヲ　BCEヲ
5懐㊨Aケリ↓イタケリ　Bイタケリ　Cイタ
ク　Eタケリ　㊧ACEナシ　Bイタク
5仁㊧Aアワレミ　BCアワレミ　Eナシ
5無㊨Aシ↓シ　BCEシ
5芥㊨Aケ　BCケ　Eナシ　㊧Aミ　BCE
ナシ
5子㊨Aシノ　BCシノ　Eノ
6非㊨Aコト↓ルコト　BCEルコト
6遣㊨Aノコスコト　BCノコスコト　Eコス
コト
7縁㊨Aエン　Bエン　CEナシ

7熟㊨Aシ↓シュクシ　Bシュクシ　Cナシ
Eシ
7證㊨Aス↓ス　BCEス
7總㊨Aテ↓スヘテ　BCスヘテ　Eヘテ
7彰㊨Aアラハルト　BCEアラハルト
-7況㊨Aヤ↓イハンヤ　BCイハンヤ　Eヤ
-7名㊨ABEヲ　Cミナヲ
-7接㊨Aシタマフ↓シタマフ　BCEシタマフ
-7物㊨Aヲ↓ヲ　BCEヲ
-7是㊨Aヲ↓コヲ　BCEコヲ
-7誦㊧Aヨム　Bヨス　CEナシ
-7攬㊧Aトル　ミルトモ　Bトル　ミルト　C
Eナシ
-6頓㊧Aトシ　ニワカニ　BCトシ　ニワカニ
Eニ
-6獲㊧Aウル　BCウル　Eナシ
-6證㊧Aカナウ　BCカナフ　Eナシ
-6信㊨Aニ↓トニ　BEトニ　Cマコトニ

-4無(上)㊨Aシ→シ　BCEシ
-4主㊨Aシ　BCEシ
○
-4不A上欄補記　C右傍補記
-3繋㊧Aツナク　BCツナク　Eナシ
-3戀㊧シタウ　コウトモ　Bシタウ　コウトモ
Cシタウ反　コヒ　Eナシ
-3非㊨Aスヤ→スヤ　BCEスヤ
-3狂㊨Aクワウ　BCクワウ　Eワウ(キャウ
右記)
-3一㊨Aモハラ→モハラ　BEモハラ　Cラ
-2滅㊨Aシ→シ　BCEシ
-2障㊨Aリ　BCEリ
-2除㊨Aコリ→コリ　BCEコリ
-2熏D薫
45
1師細注AB上欄註記　Cナシ
1捷㊨Aセチ　BCセチ　Eナシ　㊧Aトシ
BEトシ　Cトク
3就㊧Aツク　ナルトモ　Bナシ　Cツク　ナ
シ　Eセント
4怖㊨Aフ　BCフ　Eナシ　㊧Aオソル　B
オソレ　CEナシ
4畏㊨Aヲ→イヲ　BCイヲ　Eヲ　㊧Aオソ
レ　BCオソル　Eナシ
4快㊧Aタノシム　BCタノシム　Eナシ
4授㊧Aサツケ　Bサツク　CEナシ
4初㊨Aテ→メテ　BCメテ　Eテ
4勞㊨ABEヲ　Cラウヲ　㊧Aイタワシ　B
Cイタワシ　Eナシ
4便㊨Aチ　BCEチ
5歷㊨Aヘ　BCEヘ
5得㊨Aムト　BCEムト
5賢㊧Aカシコシ　Bカシコシ　CEナシ
6標㊧Aアラハス　BCアラハス　Eス
6
綱C網　㊨Aカウ　BCカウ　Eナシ　㊧Aツ
ナ　Bツナ　CEナシ
6盡㊨Aサ→ツクサ　BCツクサ　Eクサ

6委㊨Aシク↓クワシク　BCクワシク　Eシ
ク
6録㊨ABEヲ　Cロクヲ　㊧Aシルス　BC
シルス　Eナシ
6譯㊨Aヤク　BCヤク　Eナシ
-7邑㊨Aオウニ　BCEオウニ　㊧Aムラ　B
ムラサト　Cムラ反サト　Eナシ
-6雲細注AB上欄註記　Cナシ　E云の次にアリ
-6云㊨ACEナシ　Bク
-5智細注AB上欄註記　C「元照律師ィ」と左傍註
記　E云の次に注アリ
-5唱㊨Aトナヘテ　BCトナヘテ　Eヘテ
-5雑㊨Aサウ　BCサウ　Eナシ
-4度細注AB上欄註記　E云の次にアリ　㊨Aノ
BCEノ
-4云㊨ABCナシ　Eク
-4乃㊨Aチ　BCEチ
-4是㊨Aレ　BCEレ

-4積㊨Aテ↓ツンテ　BCツンテ　Eテ
-4攬㊨Aトル↓トル　BCサトル　Eトル
-4總㊨Aテ↓ヘテ　BCEヘテ
-3稱㊨Aニ↓ルニ　BCEルニ
-3之㊨Aヲ↓ヲ　BCEヲ
-3獲㊨Aコト↓ウルコト　BCウルコト　Eコ
ト
-3淺㊨Aア○ニ↓アサキニ　BCEアサキニ
-2欽細注A上欄註記　BCナシ　E云の次にアリ
㊨Aキムノ　BCEキムノ
-2嘉㊧Aヨキ　Bヨキ　CEナシ
-2従㊨Aリ　BCEリ
46
1悟㊨Aス↓シテ↓シテ　BCEシテ
3示㊨Aス↓シメス　BCシメス　Eス
3豈㊨Aニ↓アニ　BCアニ　Eニ
3私㊨Aニ↓ワタクシニ　BCワタクシニ　E
ニ
○
4議C識(「議ィ」と上欄註記)　㊨ABCナシ　E

ハカル
4収(上)A攸と上欄註記　B収　C攸　㊨Aオサ
ム↓オサム　BCEオサム
4須(下)㊨Aク↓ク　BEク　Cスヘカラク
4収(下)A攸と上欄註記　BC攸
6云㊨ABCナシ　Eク
6問㊨Aフ　BEナシ　Cフ
6邪㊨Aヤ↓ヤト　BCEヤト
6解㊨Aシテ↓ケシテ　BCケシテ　Eシテ
㊧Aサトス　Bサトス　CEナシ
7有㊨Aイマス↓イマス　BCEイマス
-6是㊨Aノ↓ノ　BCEノ
-5惑㊨Aカ↓マトイカ　BEマトイカ　Cマト
イノ
-4錫㊨Aノ↓シヤクノ　BCシヤク　Eシヤク
ノ
-4佛㊨ABCハ　Eナシ
-2集㊨Aニ↓ニ　BCナシ　Eニ

-2雙㊨Aサウ　Bサウ　CEナシ
-2輩㊨Aハイ　Bハイ　CEナシ
-2然㊨Aニ↓ルニ　Bルニ　CEニ
-2云㊨Aヘリ↓ヘリ　BCEヘリ
-1佛㊨Aト↓ト　BCEト

47

4足(上)㊧Aタル　BCEナシ
4及㊨A次の字以にヒとあり　Bナシ　CEヒ
4足(下)C即(「足ィ」と右傍註記)
4値㊨ABCチ　Eノシ　㊧Aアイ　BCEナ
シ
4遇㊨Aシ↓クシ　BCクシ　Eシ
5具㊨Aニ↓ツフサ一　Bツフサニ　Cサニ
Eニ
-7視㊨Aミソナハスコト↓ミソナハスコト　B
CEミソナワスコト
-6禮㊨Aシタテマツル↓シタテマツル　BCE
シタテマツル

〇

-5兩BC雨

48

-5一A上欄補記
-4竝㊨Aテ↓ナランテ　BCEナランテ　㊧A
ヒヤウ　Bヒヤウ　CEナシ
-3禮㊦㊨Aシタテマツル↓シタテマツルト
BCEシタテマツル
-3融㊨Aユ　Bユ　CEナシ
-2尊㊨Aヲ↓ヲ　BEヲ　Cナシ
-1衣㊨Aニ↓ニ　BEニ　Cヲ↓ニ(「二歟」と
小さく右記)
-1瞻㊧Aミル　Bミル　CEナシ
1所㊨Aナリ↓ナリ　BCEナリ
1不㊨Aル↓ル　BEル　Cサル
2如㊨Aシ↓シ　BCEシ
2片㊨Aコンノ　BCEコンノ
2變㊨Aシテ↓シテ　BCEシテ
2銅㊨Aヲ↓アカカネヲ　BCアカ、ネヲ　E
カネヲ
2爲㊨Aナス↓ナス　BCEナス

2金㊨Aト↓ト　BCEト
2有㊨Aリ↓リ　BCEリ
3若㊨Aシ↓シ　BCEシ
3食㊨Aスレ↓スレ　BCEスレ
3者㊨Aハ↓ハ　BCEハ
3醍㊨Aタイ　BCタイ　Eナシ
3醐㊨Aヲ↓コヲ　BCコヲ　Eヲ
3月D尸
3菓㊧Aハナ　Bハナ　CEナシ
4云㊨ABCク　Eナシ
5速㊨Aニ↓カニ　Bスミヤカニ　Cカニ　E
ニ
5離㊨Aト↓ムト　BCムト　Eレント
5死㊨Aヲ↓ヲ　BCEヲ
5且㊨Aク↓シハラク　Bシハラク　Cラク
Eク
5闍㊨Aサシオキテ↓サシオキテ　BCEサシ
オキテ

6抛㊨Aナケウテヽ↓ナケウケテ　Bナケウ
テヽ　Cナケウテ　Eナケステヽ
6修㊨Aセムト↓セムト　BCEセムト
7傍㊨Aカタワラニシテ↓カタワラニシテ　B
カタワランシテ　CEカタハラニシテ　㊧B
Cソナハリ
-7依㊨Aカ↓ルカ　BCEルカ
-5齊㊨Aシク↓ヒトシク　BCヒトシク　Eシ
ク
-5佛㊨Aス↓ス　BCEス
-4莫㊨Aシ↓ナシ　BCナシ　Eシ
-4非㊨Aコト↓コト　BCEコト
-3生㊨Aスル↓スル　BCEスル
-3佛㊨Aシテ↓シテ　BCEシテ
-2獲㊨Aレ↓ウレ　BCウレ　Eウル
-1不㊨Aス↓ス　BCEス
-1至㊨Aラ↓ラ　BCEラ
-1何㊨Aニ↓カニ　Bカニ　CEニ

-1況㊨Aヤ↓ハンヤ　Bハンヤ　CEヤ
-1命㊨Aスレ↓スレ　Bスレ　CEスル

49
2聚A右傍補記
2仰㊨Aテ↓イテ　Bアヲイテ　Cイテ　Eテ
3憑㊨Aタノム↓タノム　BCタノム　Eノム
4良㊨Aニ↓トニ　BCEトニ
4闕㊨Aナム↓カケナム　BCEカケナム　㊧
Aクヱチ　Bクヱチ　CEナシ
4乖㊨Aナム↓ソムキナム　BCEソムキナム
6因A右傍補記
-7叵㊨Aシト↓カタシト　BCEカタシト
-6就㊨Aテ↓イテ　BCイテ　Eテ
-5謂㊨Aク↓ワク　BCワク　Eク
-4語㊨ABCリタマハク　Eタマハク

50
2知㊨Aシテ↓シテ　BCEシテ
3及㊨Aオヨフマテ↓オヨフマテ　Bオヨフマ
テ　Cマテ　Eフマテ
○3聲C＋一聲上欄補記

3等㊨Aニ→ニ　BCEニ
3生㊨Aヲ→ヲ　BCコト　Eヲ
5惟㊨Aレ→コレ　BCコレ　Eレ
6言(二)㊨Aフ→フ　BCフ　Eナシ
6對(上)㊨Aスル→セル→セル　BCセル　E
スル
7信㊨Aニ→マコトニ　BCEマコトニ
-7假㊧Aカリニ　Bカリニ　CEナシ
-7云㊨Aフ→ヘル→ヘル　BCEヘル
-7无㊨Aトヲ　BEコトヲ　Cヲ
-7
二A右傍補記
-3浮㊨Aウカヒヌレハ　BCウカヒヌレハ　E
ヒヌレハ　㊧Aフ　Bフ　CEナシ
-3禍㊨ABCクワノ　Eノ　㊧Aワサワイ　B
Cワサワイ　Eナシ
-2速㊨Aニ→ヤカニ　Bスミヤカニ　Cカニ
Eニ
-2遵㊧Aシュン→シュン　BCシュン　Eナシ

51

-1續㊨Aト　BEト　Cナシ
-1積㊨Aミ→ツミ　BCツミ　Eミ
-1凝㊨Aシテ→コラシテ　BCEコラシテ
1便㊨Aスナハチ　Bスナワチ　CEチ
1勞㊨Aシク→イタハシク　BCEイタハシク
1之㊨Aヲ→ヲ　BCヲ　Eコノ
1
云C言
2始㊨Aシ　BCシ　Eナシ　㊧Aハシメ　B
Cハシメ　Eナシ
2依㊨Aルナリト→ルナリト　BCルナリト
Eルト
3減㊨Aニ→マコトニ　BCマコトニ　Eニ
6力㊨Aト→ト　BCト　Eト
6示㊨Aス→メス　BCメス　Eス
6於㊨Aテ→シテ　BCEシテ
6在㊨Aマシテ　Bマシマシテ　Cアリ　Eナ
シ
6現㊨Aシタマフ→シタマフコトヲ　Bシタマ

フコト　CEシタマフコトヲ
7以㊨Aテナリ→テナリ　BCEテナリ
7鼓㊧Aウツ　BCウツ　Eナシ
-7音㊨Aイン→イム　BCイム　C「オム歟」と
左傍註記　Eナシ
-5出第～謂知（五二7）A別筆
-2得㊨ACタマヘルカ　Bエタマヘルカ　Eウ
52
1得㊨ACEタマヘル　Bエタマヘル
-6他C多（「他歟」と上欄註記）
-5有A右傍補記
-4言㊧Cノ玉フ　ABEナシ
-2徒㊨Aイタツラニ　BCイタツラニ　Eラニ
-2設㊨ABCマウケタマヘラム　Eケ下フラン
53
3願D「十一願」と右傍註記
4願A右傍補記
4至㊨Aル→ラム　BCラム　Eル
4伏㊨Aフク　Bフク　CEナシ
5願B「廿二」と上欄註記　D「二十二願」と右傍註
記
6至㊨ABCラシメム　Eラン
6鎧㊨Aカイヲ　BCカイヲ　Eヨロヒヲ　㊧
Aヨロイ　Bヨロイ　CEナシ
-4例㊨Aレイヲ　Bレイヲ　CEヲ
-4示㊨Aス→シメス　BCシメス　Eス
-3禁㊨Aキム　BCキム　Eナシ　㊧Aイマシ
メ　Bイマシメ　Cイマシム　Eナシ
-2習㊨Aス→シフス　BCシフス　Eス
-2劣㊧ABオトル　CEナシ
-1跨㊧Aクワ　BCクワ　Eナシ
-1驢㊨Aニ→ロニ　BCロニ　Eニ
54
1局細注AB上欄註記　Cナシ　㊧ABEナシ
Cカキル
-4言C云
-2也已上C注ナシ
55
-7云何D「ニカイ」と左傍註記
-6言㊨AEナシ　Bノタマハク　Cマハク

-5力㊨ABEナシ　Cナリ(「一智慧力ナリ」と読む)

56

-3已A上欄補記
-1良㊨Aニ→トニ　Bマコトニ　CEトニ
1偽㊧Aイツワル　BCイツワル　Eナシ
3行C「ユクテカ歟」と左傍註記
4導C道に小さく寸を補記
6令㊨Aナシ　BCシムトノタマヘルカ　Eメ下フ
6海㊨Aノ　Bノ　CEヲ
6故㊨Aニト↓ニト　BEニト　Cニ
7蓋㊨Aケタシ　BCケタシ　Eシ
7空D作
-5設㊧Aマウク　BCマウク　Eナシ
-3之A右傍補記
-3喩㊨Aルカ　BCルカ　Eフ
-3故㊨Aニ↓ニ　BCEニ
-3言(下)㊨Aイフコ、ロハ↓イフコ、ロハ　BCEイフコ、ロハ
-1云㊨ACEナシ　Bク

57

1云㊨ABEナシ　Cク
5校㊨Aケウ　Bケウ　Cケウシ　Eナシ　㊧Aタクラフ　Bタクラフ　Cタクラフ反　Eナシ
5竪㊨Aシュ　BEナシ　Cシュ　㊧Aタ、サマ　Bタ、サマ　Cタ、サマ反　Eナシ
6疎㊨Aソ　Bソ　CEナシ　㊧ABウトキ　Cウトキ反　Eナシ
6淺㊧Aアサシ　BEアサシ　Eナシ
-5對(二)C下に挿入符号アリ
-5回不Cナシ「回不歟」と右傍註記
-4不(上)D不＋付
-4機㊧Aハタモノ　BCハタモノ　Eナシ
-4堪㊧Aタヘタリ　BCタヘタリ　Eナシ
-4假㊧Aカリナリ　Bカリナリ　CEナシ

○

-3滅(二)DE滅＋不滅對(D補記)

58

−1絶㊨Aセチ｜　BCセチ　Eナシ
1偽㊨Aクヰ｜　BCクヰ　Eナシ　㊧Aイツワ｜
ル｜　BCイツワル　Eナシ
2奢㊧Aオソシ｜　BCオソシ　Eナシ
2促㊧Aトシ｜　BCトシ　Eナシ
3機(上)㊨Aノ→ヲ　BEヲ　Cナシ
5非A下欄補記
5願A上欄補記
6猶㊧Aナホ→ナホ｜　BCナホ　Eホ
6運㊧Aハコフ｜　BCハコフ　Eナシ
6載㊧Aノス｜　BCノス　Eナシ
−7勇㊧Aタケシ｜　Bタケシ　イサム　Cイサム
Eナシ
−6伐㊧Aハチ｜　Bハチ　Cハチ反　Eナシ
−5縛㊨Aハクヲ｜　BCハクヲ　Eヲ　㊧Aシハ｜
ル｜　BCシハル　Eナシ
−4涌㊧Aワク｜　BCワク　Eナシ
−3垢㊧Aアカ｜　BCアカ　Eナシ

−3疾㊧Aトキ｜　BCトキ　Eナシ
−1映㊧Aカ、ヤキ｜　BCカ、ヤキ　Eナシ
−1奪㊧Aウハフ｜　BCウハフ　Eナシ
−1攝㊨AEスルカ　Bスルカ→オサムルカ　C
オサムルカ

59

2癡㊧Aオロカナリ｜　BCオロカナリ　Eナシ
2嚴㊧Aキヒシ｜　BCキヒシ　Eナシ
3訓㊧Aオシヘ　BCオシヘ　Eナシ　㊨Aケ
ン→ケム｜　BCケム　Eケン

○

3導C道　B道＋寸
4育㊨Aイクシ｜　BCイクシ　Eシ
5滌㊨Aス、クカ｜　BEス、クカ　Cス、ク
6繋㊧Aツナキ｜　Bツナキ　Cツナク　Eナシ
6縛㊧Aシハル｜　BCシハル　Eナシ
7得㊨Aエシメ→エシメ｜　BCEエシメ
7報｜A右傍補記
7辯㊧Aワキマフ｜　BCワキマフ　Eナシ
7路｜A右傍補記

7竭㊧Aカチ　Bカチ　CEナシ
-7浮㊨Aフ↓ウカフ　BCEウカフ
-6奉㊧ABウケタマワル　Cタテマツル　Eナ
シ
-6頂㊧Aイタヽキ　BCイタヽキ　Eナシ
-6戴㊧Aイタヽク　BCイタヽク　Eナシ
-5方便C右傍補記
-5者A右傍補記
-4之Cナシ
-1致㊨Aチ　BCチ　Eナシ　㊧Aムネ　BCム
ネ　Eナシ

60
2后㊨Aコウニ　BCコウニ　Eニ　㊧ABE
ナシ　Cキサキ
2啓㊨Aケイス　BCケイス　Eス　㊧Aヒラ
ク　BCヒラク　Eナシ
3將㊨Aサニ　BCサニ　Eニ　㊧ABスル
Cスルト　Eナシ
3加㊧Aクワウ　BCクワウ　Eナシ

3告㊨AEクト　BCクトノタマヘリ
4閲㊨Aエチシテ　BEエチシテ　Cヱチスル
シテ(右記)　㊧ABミル　Cヒラキミル　E
ナシ
4釋㊨Aニ↓ニ　BCEニ
5曰㊨ABCフ　Eナシ
-7佛㊨Aノ　Bノ　CEナシ
-6建立㊧ABCハシメナス　Eナシ
-4放㊨Aハナテ　Bハナテ　Cテ　Eハナチテ
㊧ABEナシ　Cハウ
-2塵㊨Aチリ　Bチリ　Cチン　Eナシ　㊧A
チン　Bチン　Cチリ　Eナシ
-2刹㊨Aクニ　Bクニ　CEナシ
-1名號A浄土を名號と上書訂記

61
2如來A釋迦を如來と上書訂記
2興㊧Aオコル　Bオコル　CEナシ
2彌陀本願A「本願一乘」を「彌陀本願」と上書訂記
3如來A釋迦を如來と上書訂記

3言㊨ABEヲ　Cミコトヲ
4發㊨Aスレハ→スレハ　BCEスレハ
4得㊨Aウルナリ　BCウルナリ　Eウ
5齊㊨Aヒトシク　BCEヒトシク
5回C向
6攝取㊧ABEナシ　Cオサメムカエトリ下
-7光A月を光と上書訂記　D月
-6獲信見敬大慶人　A「見敬得大慶喜人」を抹消し「獲信見敬大慶人」と左傍訂記　A大慶を見敬と上書訂記　D「見敬得大慶喜人」と左傍訂記
人。BCDE喜
-6截㊨Aス→セチス　BEセチス　Cス　㊧Aキル　Bキル　CEナシ
-6五A右傍訂記
-6趣㊨Aヲ→ヲ　BCEヲ
-4者㊨Aト→ト、　Bト　Cヒト、　Eト、
-3憍㊧Aオコル　BCオコル　Eナシ
-3慢㊧Aアナトル　BCアナトル　Eナシ

62

-1域㊧Aサカイ　Bサカイ　CEナシ
3摧㊧Aクタク　BCクタク　Eナシ
4宣㊨ABCナシ　Eセン　㊧Aノフ　BCノフ　Eナシ
6時㊨Aトキ→トキ　BCトキ　Eキ
7應㊨Aシトイヘリ→シトイヘリ　BCEシトイヘリ
-7論A説を論と上書訂記
-6顯㊨Aス→シテ　BCEシテ
-3證㊨ABCセシムト　Eス
-2園㊨Aオンニ　BCオンニ　Eソノニ　㊧Aソノ　BCソノ　Eナシ
-1向㊨Aフテ　Bイフ　CEテ
-1禮㊨Aシタテマツル　Bタテマツル　Cシタテマツル　Eス

63

1授㊨ABサツケシカハ　Cサツケシメシカハ　Eケシカハ
1梵㊨Aホム　BCホム　Eナシ　㊧Aヤク

BCヤク　Eナシ
2註㊨Aチユ　BCチウ　Eナシ　㊧Aツウ
シルス　Bツウ反シルシ　Cナシ　シルシ
Eナシ
3還㊧Aカヘル　Bカヘル　CEナシ
3因A業を因と上書訂記　㊨Aハ↓インハ　Bイ
ンハ　CEハ
4涅槃D菩提と右傍註記さらに「イ本」と右下註記
6決㊧Aサタム　BCサタム　Eナシ
7貶㊧Aオトシム　BCオトシム　Eナシ
-7像末㊨ABEナシ　Cサウマチ
-7慇㊨Aオム　BCオム　Eナシ　㊧Aネムコ
ロ　BCネムコロ　Eナシ
-5明㊨Aセリ↓ナリ　Bセリ　アキラカナリ
Cニセリ　Eニシテ
-5意㊨ABCヲ　Eニ
-5矜㊧Aオホキニ　BCオホキニ　Eニ
-4緣㊨Aネンヲ　Bネンヲ　CEヲ

64

-3受㊨Aケシメ↓ケシメ　Bウケシメ　Cケシ
メ　Eウケシム
-2獲㊨Aエ↓エ　BCEエ
-1徧㊨Aク↓エニ↓エニ　BCヒトヘニ　Eニ
1判㊨Aハンシテ　BCハンシテ　Eシテ
1辯㊧Aワキマヘ　BCワキマヘ　Eナシ
2攝取㊧ABEナシ　Cオサム　ムカエトリタ
マフ
3无㊨Aシテ↓ナク↓シテ　Bナクシテ　Cク
シテ　Eシテ
3照㊨Aシタマフトイヘリ　Bシタマフトイヘ
リ　Cテラシタマフトイヘリ　E下ヘリト
4明㊨カニシテ　Bアキラカニシテ　Cカニシ
テ　Eニシテ
4憐㊧Aアワレム　BCアハレム　Eナシ
4愍㊨ACセシム　BEミンセシム　㊧ACE
ナシ　Bアワレム
7速㊨Aカニ↓ヤカニ　Bスミヤカニ　Cカニ

Eニ
7為(下)㊨ABCストイヘリ　Eス
-4濟㊨ACEシタマフ　Bサイシタマフ
-3説D「談ィ」と左傍註記
-1行A上に教、下に證とあるのを抹消

○信巻本

65 1愚禿釋親鸞集Cナシ　DE――述。
3矜哀㊧AEナシ　BCオホキニアハレム
4釋親鸞CE釋鸞
●
-1域㊧Cサカリ(底本イはリの誤り)
66 1至心~之機一一字DE内題撰号の後、本文の前にアリ　C之ナシ
67 1釋Cナシ
5捷㊨ABセチ　Cセチ反　Eセウ　㊧ABナシ　Cトシ　Eセチ　トシ
-1大経B「十八念佛往生之願往相廻向之願」と左傍註記

-1言㊨ABノタマハク　Cマハク　Eク
-1欲㊨Aオモフテ　Bオモフテ　CEフテ
68 2无(上)B「寶積經十八願言」と右傍註記
2言㊨ABノタマハク　CEク
2上C左傍註記
2聞㊨ABキ、　Cキカムニ　Eンニ　㊧ABナシ　Cキ、　Eキ、
3名㊨ABCEヲ　㊧Eヲ
3己㊨ABCテ　Eレカ　㊧Eヲハテ
6心㊨ABCニ　㊧Eニ
6向㊨Aシタマヘリ↓セシメタマヘリ↓セシメタマヘリ　BCEセシメタマヘリ　㊧ABCナシ　Eシ玉ヘリ
7言細注A下欄補記(朱筆)　B㊟支+譯　CDE注ナシ
7有情A二字抹消し「有情」と上欄訂記　CDE衆生　B情の右に生(左にイ本)　D「有情［御筆］」と上欄に貼紙

-6 誹Cナシ
-4 言㊨ABCナシ　Eク
-4 友C支
-3 言㊨ABCナシ　Eク
-2 言㊨ABCナシ　Eク
-1 登㊨Aノホテ　BCノホテ　Eテ
-1 敷㊧Aヒラキ　BCヒラキ　Eナシ
-1 演㊨ABCエンセム　Eセン　㊧Aノフ　B
Cノフ　Eナシ

69
1 逾㊧Aユ　Bユ　CEナシ
2 得㊨Aム↓エハ　BCEエハ
2 深D染
5 已Aステニ　Bステニ　CEニ
6 名(上)㊨Aナシ　BCEミナヲ
6 註㊨Aツウ↓チウ　Bチウ　CEナシ
-3 云何㊨ABCイカンカ　Eカンカ　㊧Eンカ

70
1 展轉㊧Aノフ　Cカワルウツルコ、ロナリ
Bノフカワルウツルコ、ロナリ　Eナシ

---

2 念不D不念
3 違㊧Aタカフ　Bタカフ　Cセルヲ　Eナシ
5 曰㊨ABCナシ　Eク
5 慶㊨Aハムコトヲ↓ヨロコハムコトヲ　BC
ヨロコハムコト　Eヨロコハレムコト　コハ
シキ(右記)
6 曁㊨ABCオヨフマテセム　Eヲヨフマテ
(マテセン右記)

○
-7 觀經義云C上欄補記　云A小さく上記
-6 機㊧Aハタモノ　BCハタモノ　Eナシ
-5 赴㊨Aオモムキ　BCオモムキ　Eムキ　㊧
Aフ　BCフ　Eナシ
-5 輪㊨Aリン　BCEナシ
-5 悟㊧Aル↓サトル　Bサトル　CEナシ
-5 益㊧Aタスク　マストモ　Bタスク　マスト
モ　CEナシ
-5 同㊨Aナシ　BCナシ　Eカラ
-4 云C言

○
-4逼㊨Aヒチ　BCヒチ　Eナシ　㊧Aセム
BCセム　Eナシ
-4惱㊧Aナヤマス　Bナヤマス　CEナシ
71
-2又云C「自此觀經三心」と右傍に貼紙
-2辯㊧Aワキマフ　BCワキマフ　Eナシ
-1徵㊨Aチョウシタマフ　BCEチョウシタマ
フ　㊧Aチ反セム　アラハストモ　Bチ反セ
ム反アラハストモ反　Cチ反　セム　アラワ
ストモ　Eナシ
1无㊨Aシ↓キヲ　BCEキヲ
1解㊨Aヲ↓サトリヲ　BCサトリヲ　Eヲ
1答㊨ABCタマフコトヲ　Eヘ下フヲ
1數㊨Aヲ↓カスヲ　BCカスヲ　Eスヲ
2須㊨Aモチヰルコトヲ↓モチヰムコトヲ　B
モチヰルコトヲ　Cヰンコトヲ　Eンコトヲ
3作㊨Aシタマヘルヲ　Bシタマヘリ　CEシ
タマヘルヲ　E玉ヒキヲ(右記)
3懷㊨ABウタイテ　Cイタイテ　Eケレハナ

●
リ　㊧Aヱ　Bヱ　CEナシ
3貧㊧Aムサホル　Bムサホル　CEナシ
3僞㊨ABCクヰ　Eナシ　㊧Aイツワル　B
Cイツワル　Eナシ
3奸㊧Aイツワリ　Bイツワル　カタマシ　C
カタマシ(底本リはノシ)　Eナシ
3詐㊧Aイツワル　BCイツワリ　Eナシ
3端㊧Aハシ　BCハシ　Eナシ
3侵㊧Aシム　Bシム　CEナシ
4竭㊧Aムシ　Bムシ　CEナシ
5勵㊧Aハケマス　Bハケマシ　Cハケマス
Eナシ
5急㊧Aイソカハシ　Bイソカハシ　CEナシ
6頭㊨Aノ　Bノ　Cカウヘノ　Eナシ
6燃E然
6衆㊨Aスヘテ　BCスヘテ　Eヘテ　㊧Aミ
ナコトコトク　Bミナコトコトク　CEナシ
7由細注AB上欄註記　Cナシ

72

-7行㊨ABDシ　CEシタマフシ
-7那㊧Aイカム　Bイカム　CEナシ
-6施㊧Aホトコス　ハツストモ　Bホトコス
ハツストモ　CEナシ
-6趣㊧Aオモムキ　Bオモムキ　CEナシ
-2已㊨Aノ　Bノ　CEナシ
-2没㊧Aシツム　BCシツム　Eナシ
-1受㊧ABCナシ　Eシ玉フコト
-1慮㊧Aオモンハカリ　BCオモンハカリ　㊨
Eヲモンハカリ
2忻㊧Aネカイ　Bネカイ　CEナシ
2慕㊧Aシタフ　Bシタフ　CEナシ
2證㊧Aカナフ　BEナシ　Cカナフ
3仰㊨Aキ　BCキ　Eナシ
4顧㊨Aカヘリミ　BCカヘリミ　Eミ
4遺(上)㊨ABCシメタマフヲ　Eシメトリ下
フモノヲ
4遺(下)㊨ABCシメタマフヲ　㊧Eシメ下フ
カ
5去㊧Aユク　BCユク　Eユク
5眞㊨Aノ　Bノ　D「ノィ」と左傍註記　Eノ
Cノ(補記か?)
6悞㊧Aコ　Bコ反　CEナシ
7未C末
7由㊨Aナホ→ヨテ　BCEヨテ
7習㊨Aシウノ　BCシウノ　Eナシ　㊧Aナ
ラフ　Bナラフ　CEナシ
-7未(上)㊧Aス→サルニ　BCサルニ　Eナシ
○-7未(中)C末
-7測㊧Aハカラフ　BCハカラフ　Eナシ
-7意A上欄補記
○-7未(下)C末
-6章㊧Aノリ　ハカラフトモ　Bノリ　ハカラ
フトモ　CEナシ
-6請㊧Aテ→コフテ　BCEコフテ
-6印㊨Aオシテ　Bオシテ反　Cク反　Eナ

シ
○ -6言㊨AEノタマフ　BCノタマハク　㊧AB
Eナシ　Cノ玉フ（右にも同じ訓アリ）
○ -1専㊧Aモンハラ（次の字注に訓点アリ）　BC
Eナシ
-1注㊨A「シルシ　ト、ムトモ」抹消　左訓は直
前の専への訓点
-1奉㊧Aウケタマワル　Bフ反（右訓ウケタマ
ル）　Cウケタマハル　Eナシ

73

1疑㊧Aウタカヒ　Bウタカヒ　CEナシ
1导㊧Aサワリ　Bサワリ　CEナシ
1抱㊧Aハウ　Bハウ反　CEナシ
1惑㊨Aヒヲ　Bヲ　CEヒヲ
1迷㊨Aマトヒテ　Bマトヒテ　Cヒテ　Eテ
1廢㊧Aスタル　Bスタレ　Cスタル　Eナシ
1也Bナシ
2盡㊨Aツクシテ　BCツクシテ　Eクシテ
2捨㊧Aスツ　BCEナシ

2生㊨Aル、↓ルレ　BCルレ　Eストノ玉へ
ハ
2者㊨Aノハ↓ハ　BCハ　Eナシ
6讃㊨ABCシタマフ　Eメ玉フ　㊧Aホム
Bホム　Cナシ　Eス
6迦㊨Eヲ　ABCナシ
7盛㊨Aサカリナル　BCサカリナル　Eナル
7勵㊨Aレイセシメテ　BCレイセシメテ　E
シテ　㊧Aハケマス　BCハケマス　Eナシ
-7恐畏㊧Aク　イ　Bク　イ　CEナシ
-7不㊨Aラムコトヲ↓ラムヲ　BCラムヲ　E
ンヲ
-3説A右傍補記
-2就㊨Aテ↓ツイテ　BCツイテ　Eテ
-2信A位↓信↓信
-1不㊨Aルオ↓ル　BCEル

74

1涌㊧Aオカム　BCオカム　Eナシ
1善㊨Aオハ↓ハ　BCEハ

2衆㊧ABコトコトク　CEナシ
2疎㊨Aノ　BCノ　Eナシ　㊧Aウトシ　B
Cウトシ　Eナシ
3想D相
3由㊨Aナホ↓ヨリテ　BCヨリテ　㊧Eナヲ
シ
4若㊨ABCクシテ　Eクナルニ　㊧ABCク
ナルニ　Eコトシ　D「コトクナルィ」と右傍
註記
4學D覺
4之㊨Aノ　Bナシ　CEノ
4亂㊧Aミタル　Bミタレ　CEナシ
4破㊧Aヲレ　Bヤフレ　CEナシ
4壞㊧Aヤフレ　Bヤフル　CEナシ
○5捉C投(=「六要鈔」)
5聞㊧ABCナシ　Eテ
5語㊧ABCナシ　Eヲ
5進㊧Aス丶ミ　BCス丶ミ　Eナシ

5退㊧Aシリソク　BCシリソク　Eスルコト
5怯㊧Aコハシ　Bコハシ　CEナシ
5弱㊧Aヨハシ　Bヨハシ　CEナシ　㊧Eヲ
5顧㊧Aカヘリミル　Bカヘリミル　CEナシ
6落㊨Aオチテ　Bオチテ　Cテ　Eナシ
6道㊨ABCニ　Eスレハ　㊧Eヲ
6失㊨Aスル　BCEスル　㊧Eスルコトヲ
6益㊧Eヲヒ　ABCヲ
6惑㊧Aマトイ　BCマトイ　Eナシ
-7具㊨Aニ↓ツフサニ　BCツフサニ　Eニ
-6未C末　㊧Aス↓ス　BCス　Eナシ
-6繫㊧Aツナキ　Bツナク　CEナシ
-6屬㊧Aツク　BCツク　CEナシ
-4數㊨Aス↓カス　BCカス　Eス
-4稟㊨Aル↓ウクル　BCEウクル
-4識㊨Aヲ↓サトリヲ　BCEサトリヲ
-3含㊨Aフウミ↓フウミ　BCフウミ　Eミ
㊧Aカム　BCカム　Eナシ

-3載㊧Aノセ　Bノセ　CEナシ
-3養㊧Aヤシナウ　Bヤシナウ　CEナシ
-3潤㊨Aニンシ↓ニンシ　BCニンシ　Eシ
㊧Aウルヲス　Bウルヲス　Cウルオウ　E
ナシ
-3如㊨Aキノ↓キノ　BCキノ　Eナシ
-3此㊨Aレ↓レ　BCレ　Eナシ
-3等㊨Aラノ↓ラノ　BCラノ　Eノ
-2待㊧Aマツ　BCマツ　Eナシ
-2對㊧Aムカウ　Bムカウ　CEナシ
-2差㊧Aシナ　BCシナ　Eナシ
-2況㊨Aハンヤ　Bハンヤ　Cヤ　Eナシ
-2豈㊨Aニ↓アニ　BCアニ　Eニ
75
1爲細注AB上欄註記　Cナシ
4疾㊨Aク↓トク　BCトク　Eク
4從㊨Aリ　BCリ　Eナシ
4學㊨Aムト↓マナハムト　BCマナハムト
Eハント

5辱㊨Aサワリ　Bサワリ　Cリ　Eナシ
5得㊨Aムト↓コト　BCコト　Eト（抹消）
5少㊨Aシキ↓スコシキ　BCスコシキ　Eナ
シ
5用㊨Aルニ↓ヰルニ　Bモチヰルニ　Cヰル
ニ　Eイルニ
6更㊨Aニ↓サラニ　Bサラニ　CEニ
6防㊨Aカム↓フセカム　BCEフセカム
7行㊨Aト↓ント　BCント　Eト　㊧Eカン
ト
7里㊧ABCナシ　Eヲ
○
-7路B路＋見上欄註記（散善義に見アリ）
-7水㊨Aノ　Bナシ　Cノ　Eナシ
-7火㊨Aノ　BCノ　Eナシ
-7河㈡㊨Aハ　Bノシ　Cハ　Eナシ
-7水㊨Aノ　BCノ　Eナシ
-7河㈢㊨Aハ　BCハ　Eナシ
-5跛㊧A大ナミ　BC大ナミ　Eナシ

-5浪㊧A小ナミ　BC小ナミ　Eナシ
-5交㊨Aリ↓マシワリ　BCマシワリ　Eナシ
-5過㊨Aキテ↓スキテ　BCスキテ　Eシテ
-5濕㊨Aス↓ウルヲス　BCEウルオス
-5焔A燄を焔と上欄訂記「焔ホノヲケムリアルナリ」
「炎ケムリナキホノヲナリ」と訓アリ　B焔ホノヲ
「炎ケムリアルナリ」(上欄註記)　D焔　C右エ
ム　Eナシ
-5來㊨Aリ↓テ　BCEテ
-4常㊨Aニシテ　BCニシテ　Eニ
-4休㊧Aヤミ　BCEナシ　㊨Aク　BCEナ
シ
-4息㊧Aヤム　Bヤム　CEナシ
-4既㊨Aステニ　Bステニ　CEニ
-4群㊧Aムラカル　BCムラカル　Eナシ
-4獸ABCシュ　Eナシ　㊧Aケタモノ　BC
ケタモノ　Eナシ
-4更㊨Aサラニ　Bサラニ　CEニ

-3單㊧Aヒトヘ　BCヒトヘ　Eナシ
-3獨㊨Aナルヲ　BCEトクナルヲ　㊧Aヒト
リ　BCヒトリ　Eナシ
-3競㊨Aヒ↓キソヒ　Bキヲヒ　Cキヨヒ　E
ナシ
-3殺㊨Aセムト　BCセムト　Eナシ
-3怖㊨Aオソレテ　BCオソレテ　Eレテ
-3走㊨Aリテ　BEリテ　Cハシリテ
-2畔㊧Aホトリ　Bホトリ　CEナシ
-2狹㊨Aケチ　Cケチ　BEケウ　㊧Aセハシ
BCセハシ　Eナシ
-2岸A河を岸と上書訂記
-2去㊨Aルコト　BCルコト　Eコト
-1到㊨Aリ↓リ　BCEリ
-1回㊨Aラムト↓ヘラムト　BCヘラムト　E
カヘラント
-1逼㊨Aム↓セム　BCセム　Eム

76

1恐㊨Aオソラクハ　BCオソラクハ　Eクハ

1堕D隋　E惰　㊨Aンコトヲ　Bンコトヲ　C
Eコトヲ
2當Aリテ　Bリテ　Cアタリテ　Eリテ
2惶㊧Aオソレ　BCオソレ　Eナシ　㊨Eワ
ウ
2怖㊧Aオソル　BCオソル　Eナシ
2住㊨Aラハ→トマラハ　BCトマラハ　E
ト、マラハ
3尋㊨Aテ→タツネテ　Bタツネテ　Cネテ
Eテ
3前㊨Aキニ　BCキニ　Eニ
3既㊨Aニ→テニ　Bテニ　Cステニ　Eニ
4忽㊨Aニ→タチマチニ　Bタチマチニ　Cチ
ニ　Eニ
4仁者㊨Aキ　ミ　BCキ　ミ　Eナシ　㊧E
ナンチ
4尋㊨Aタツネテ　シン　Bタツネテ　Cネテ
Eテ

5喚㊨Aヨハウテ　BCヨハウテ　Eテ
5畏㊨Aソレ　BCソレ　Eレ
7怯㊧Aコワク　Bコハク　CEナシ
7退㊧Aシリソク　Bシリソク　CEナシ
7仁者㊧ABCナシ　Eナンチ
-7道㊨Aヲ　BCヲ　Eナシ
-7嶮㊨Aケン　BCケン　Eナシ　㊧Aサカシ
↓サカシ　BCサカシ　Eナシ
-7過㊨Aヲ→コトヲ　BCEコトヲ
-7心㊨Aアテ→アテ　BCEアテ　㊧Eヲケテ
-5慶㊧ABヨロコフ　Cヨロコヒ　Eナシ
-5喩AB「喩字「オシヘナリ」」と上欄註記
-4詐㊨Aサ　ソ（右傍註記）　Bサ　ソ（右傍註
記）　CEサ　ナシ　㊧Aイツワリ　BCイ
ツワリ　Eナシ
-4親㊧Aシタシム　BCシタシム　Eナシ
-3識㊨Aシキ　Bシキ　CEナシ　㊧Aコ、ロ
BCコ、ロ　Eナシ

-3廻㊧Aハルカナリ　Bハルカナリ　CEナシ
-3澤㊨Aト↓サワト　BCサワト　Eト
-2値㊨Aアワ　BCアワ　Eハ

77

1強㊨Aキニ↓コハキニ　BCコワキニ　Eキ
ニ
1微㊧Aスクナシ　Bスクナシ　CEナシ
2汚㊨Aワスルニ　BCワスルニ　Eニ　㊧A
ケカス↓ケカス　Bケカス　Eナシ
2焔A一字抹消し焔と上欄訂記
2瞋㊧Aイカリ　Bイカリ　CEナシ
2嫌㊨ABCケン　Eナシ　㊧Aキラフ　BC
キラフ　Eナシ
5見㊨Aマツラ↓タテマツラ　BCタテマツラ
Eラ
5尋㊨Aタツヌ↓ツヌ　BCタツヌ　Eヌ
6喩㊨Aル↓ル　BCEル
-6妄㊨Aニ↓マウ　Bマウ　CEミタリニ　㊧
Bミタリニ

6迭㊨Aニ↓タカイニ　BCEタカイニ
7造㊨Aニ↓テ　BCEテ
7失㊨ABCEスト　Eスルニ(右記)　㊧Aス
ト　BCEナシ
-7迷㊨Aメイ　BCメイ　Eナシ　㊧Eメイ
-7纏㊨ABCマトウテ　Eマトテ　㊧Eハクシ
テ
-6蒙㊨Aカフリ　Bカフリ　Cフリ　Eリ　㊧
Eルニ
-6指㊨Aテ↓ヲシヘテ　BCEヲシヘテ
-6向(上)㊧Eハシム
-6招㊧Aマネキ　BCマネキ　Eナシ
-6喚㊧Aヨフ　Bヨフ　Cヨハウ　Eナシ
-5顧㊨Aカヘリミ　BCカヘリミ　Eナシ

78

4儀上下B已上上下　D上下ナシ
5准㊨Aナスラヘテ　BCナスラヘテ　Eラヘ
テ
5勘㊨Aカムカウ　Bカムカフ　CEナシ

5編㊧Aツラヌ　Bツラヌ　CEナシ
6鈔㊧ABCヌク　エラフトモ　Eナシ
7尊C右傍補記
-7薄㊧Aウスシ　Bウスシ　CEナシ
-6願㊨Aヲハ　元の訓を塗抹してヲ↓ヲ　BC
Eハ
-6及㊨Aヨフマテ　Bヨフマテ　CEマテ
-6聞C「ヒ歟」と左傍註記　D「一聲ィ」と右傍註記
-6等㊨Aマテニ（抹消）↓ニ　BCEニ
-6得㊨Aト↓エシムト　BCエシムト　Eナシ
-5及㊨Aヨフマテ　元の訓をヨフマテと改め更
にヨフマテ　Bヨフマテ　CEマテ
-5得㊨Aテ↓コト↓コト　BCEコト
-4心C念と上欄註記　DE「念ィ」と右傍註記
-2便㊧Aタヨ□ヲ　Bタヨリヲ　Cリヲ　Eリ
79
1踊㊧Aオホル　BCオホル　Eナシ
2爛㊧Aミタル　BCミタル　Eナシ
2變㊧Aカハル　Bカハル　CEナシ
○信巻本

3損㊧Aホロフ　BCホロフ　Eナシ
3滅㊧Aスクナシ　BCスクナシ　Eナシ
-6發㊨Aシタマフト↓シタマフト　BCEシタ
マフト
-6以㊨Aテス↓テス　BCEテス
-5歟A上に一字抹消　㊨カ↓カ　BCカ　Eナシ
-5私㊨Aニ↓ワタクシニ　Bワタクシニ　Cク
シニ　Eニ
-5訓㊨ABCクンヲ　Eヲ　㊧Aオシヘ　BC
オシヘ　Eナシ
-4言A上欄補記
-3言A右傍補記
-3用㊧Aユフ　BCユウ　Eナシ
-2審㊧Aツマヒラカナリ　BCツマヒ　Eナシ
-2驗㊨Aケン　BCケン　Eナシ　㊧Aシルシ
BCシルシ　Eナシ
-2宣㊧Aノフ　BCノフ　Eナシ
-2忠㊧Aコ、ロサシ　BCコ、ロサシ　Eナシ

-2 卽A欲を卽と上書訂記
-2 愛㊧Aヨミス　BCヨミス　Eナシ
-2 悦㊧Aヨロコフ　BCヨロコフ　Eナシ
-1 賀㊨ABヨロコフ　Cカ　Eナシ　㊧Aカナリ　Bカナリ　Cヨロコフ
-1 覺㊧Aサトル　BCサトル　Eナシ

80
1 作細注AB上欄註記　Cナシ
1 ㊟洛DE落
2 誠㊧Aマコト　Bマコト　CEナシ
2 心㊨Aナリ→ナルカ　BCEナルカ
2 蓋㊧Aオホフ　BCオホフ　Eナシ
2 雜㊧Aマシハル　Bマシハル　CEナシ
2 用㊨Aユウ　BCユウ　Eナシ
3 審㊧Aアキラカナリ　BCアキラカナリ　Eナシ
3 慶㊧Aケイ　BCケイ　Eナシ
3 心(四)㊨Aナリ→ナルカ　BCナリ　Eナルカ
4 心(下)㊨Aナリ→ナルカ　BEナルカ　Cナリ

5 訓㊨Aクンヲ　BCクンヲ　Eヲ　㊧ABEオシヘ　コ、ロトイフ　Cオシヘ
6 眞㊨Aニ→トニ　BCEトニ
6 心D心＋也
-6 推㊧Aオス　BCオス　Eナシ
-5 穢㊨Aヱ　クラシ　Bヱ　CEナシ　㊧Aケカラハシ　Bケカラハシ　CEナシ
-5 汚㊨Aワ反アセ　Bワ反　Cワ　Eナシ　㊧Aヲ反ケカス　Bアセ　ケカス反　ヲ反　Cケカス　Eナシ
-5 染㊨ABEニシテ　Cセムニシテ　㊧Aソム　BCソム　Eナシ
-4 諂㊧Aヘツラフ　BCヘツラフ　Eナシ
-2 就㊨ABCシタマヘリ　Eナシ　㊧Aツクナルトモ　BCツク　ナルトモ　Eナシ
-1 施㊧Aホトコス　ハツストモ　Bホトコス　ハツストナリ　Cホトコス　ハツストモ　Eナシ

1彰㊨Aス→アラハス　BCアラハス　Eナシ
4計㊨Aラ→カラ　Bカラ　CEハカラ
4足㊧Aタル　Bタル　CEナシ
4染㊧Aツク　Bツク　CEナシ
4恚㊧Aイカル　Bイカル　CEナシ
4癡㊧Aオロカナリ　BCオロカナリ　Eナシ
5寂㊨Aニシテ→ニシテ　BEニシテ　Cシャ
クニシテ　㊧Aシツカナリ　Bシツカナリ
Cシツカニ反　Eナシ
5偽㊧Aイツハル　Bイツハル　CEナシ
5諂㊧Aヘツラク　Bヘツラフ　CEナシ
5顔㊧Aカオハセ　Bカオハセ　Cカヲハセ反
Eナシ
5愛㊧Aアハレミ　Bアハレミ　Cアハレニ反
Eナシ
5語㊧Aコトハ　Bコトハ　CEナシ
5先㊨Aニシテ　BCEニシテ　Eサキタッテ
（右記）

○信巻本

5承㊧Aウケ　Bウケ　Cウケル反　Eナシ
5勇㊧Aイサム　BCイサム　Eナシ
5猛㊧Aタケシ　Bタケシ　Cタケシト反　E
ナシ
6精㊧Aモハラ　Bモハラ　CEナシ
6惓㊧Aクヱン　Bクヱン　CEナシ
6清㊧Aキヨシ　Bキヨシ　CEナシ
6恵㊧Aメクム　Bメクム　CEナシ
6恭㊧Aツヽシム　BCツヽシム　Eナシ
6奉㊧Aツカウ　BEナシ　C次の字事にツカ
フ反
7荘㊧Aカサリ　Bカサリ　CEナシ
7嚴㊧Aイツクシ　Bイツクシ　CEナシ
7令㊨Aムトノタマハリト　Bムトノタマヘリ
Cシメタマヘリ　Eメ下ヘリ
-7會㊧Aアツム　アツ　Bアツム　CEナシ
-5希㊧Aマレニ　Bマレニ　CEナシ
-4修㊧Aツクロフ　Bツクロフ　CEナシ

-4習㊧Aナラフ　Bナラフ　CEナシ
-3初㊨Aテ→メテ　BCメテ　Eテ
○
-3末C末
-2觸㊨Aソクノ　BCソクノ　Eノ
-2樂㊨Aネカフコト　Bネカフ　CEネカフコ
ト　㊧Aコノム　Bコノム　CEナシ
-2敬D欲（「敬ィ」と右傍註記）
-2親㊧Aシタシ　Bシタシミ　Cシタシム　E
ナシ
-2屬乃至C已上
-2調㊧Aト丶ノウ　Bト丶ノウ　CEナシ
-2暴㊧Aアラシ　BCアラシ　Eナシ
-2懷㊧Aイタイテ　BCイタイテ　Eヒテ
-1詐㊧Aイツワリ　Bイツハリ　Cイツワル
Eナシ
-1諂㊧Aヘツラワス　Bヘツラワス　Cヘツラ
フ反　Eナシ
-1懈㊧Aオコタリ　Bオコタリ（ABCの訓点
は次の字意へのもの）　Cオコタリ反　Eナ
シ
-1言D根と右傍註記
-1策㊨ABCシャク　Eナシ　㊧Aムチウツ
BCムチウツ　Eナシ

82

1退D「スルコトィ」と左傍註記
1勇㊧Aイサミ　BCイサミ　Eナシ
1猛㊧Aタケシ　BCタケシ　Eナシ
1益D「セシメィ」と左傍註記　㊨Aスル→セシメ
Eスル　メ（右記）　Cスル　Bセシメ　スル
Eスルメ（右記）
2云C言㊨ABナシ　CEク
4趣㊧Aオモムク　Bオモムク　CEナシ
6捨㊨ABステタマヘルヲ　Cテタマヘルヲ
E下ヘルヲ
6簡㊨Aエラハ　Bエラハ　CEハ
7心抄要CE抄出
-6回D「イ无」と右傍註記

-5 既㊨Aス　ニ　BステニC　Eニ
-5 實Cナシ
-4 眞A右傍補記
-1 又後A上欄補記

83

5 沈㊧Aシツミ　BCシツミ　Eナシ
5 迷㊧Aマトフ　BCマトフ　Eナシ
5 繋㊧Aツナク　BCツナク　Eナシ
5 縛㊧Aシハル　BCシハル　Eナシ
6 叵㊧Aカタシ　BCカタシ　Eナシ
6 値㊧Aアフ　Bアフ　CEナシ
6 遇㊧Aアフ　BCアフ　Eナシ
7 獲得㊧Aウル　BCウル　Eナシ
-4 刹㊧Aクニ　Bクニ　CEナシ
-4 那㊧Aナニ　Bナニ　CEナシ
-4 无A右傍補記
-3 憐㊨Aレンシテ　BCレンシテ　Eシテ　㊧
Aアワレム　BCアワレム　Eナシ
-2 施㊨ABシタマヘリ　CEセシタマヘリ　㊧
Aアタウ　Bアタウ　CEナシ
-1 言㊨ABノタマハク　CEク
-1 諸㊨ABCナシ　Eタテ上ル

84

2 言ABハク　CEク
3 喜D喜＋愛樂
4 言㊨ABマハク　CEク
6 言㊨Aマヘルナリ　Bヘルナリ　CEフナリ
-5 以A上欄註記　Cナシ
-4 當㊧Aキカ→キヲ　Cキカ　BEキヲ
-4 言㊨Aヘルナリ　BCEフナリ　Bヘルナリ
↓フナリ
-2 故A訓点湮滅
-1 畢C「或本必」と上欄註記

85

2 言㊨ABマハク　CEク
3 攝E接
4 言C云　B「云ィマ本」と右傍註記し「イ本」と左傍補記　㊨ABノタマハク　CEナシ
4 二從A上欄補記

○信巻本

7言㊨ABノタマハク　CEク
-6言㊨ABマハク　CEナシ
-5言㊨ABマハク　CEク
-4示㊨Aセシム　Bセシムト　CEセシメムト
㊧Eセシム
-4爲㊨Aシテ→ス　BCEス
-3恪㊨Aオシムコト→オシムコト　BCEオシ
ムコト
-2堅㊧Aカタシ　Bカタシ　CEナシ
-2固㊨Aニシテ→ナレハ　Bナレハ　ニシテ
CEニシテ
-1徳㊨ABCニ　Eヲ(ニ右記)
-1遠㊨Aオン　BCオン　Eナシ
1現㊨ABセシム　Cセム　Eセン(ス右記)
2現㊨ABセシム　Cセム　Eセン(ス右記)

86

3於㊨Aヲ　BCEニ

4

不D不+可

○

4聞㊨Aテ→クニ　BCクニ　Eニ

5无(上)㊨Aラム→ケレハ　BCケレハ　Eク
5无(下)㊨Aケレハ　BCケレハ　Eレハ
6得(中)㊨Aレハ→エテ　Bエテ　Cハ　Eレ
ハ　㊧Bレハ　ACナシ
6動㊨Aクコト　Bコト　CEクコト
6得(下)㊨ABCエテ　Eテ
7无㊨Aシ→レハ　BCシ　Eレハ
7得(中)㊨ABEレハ　Cハ
7近㊨Aルコトヲ　Bルコトヲ　Cコトヲ　E
スルコトヲ
-5爲㊨Aニ→ミタメニ　Bミタメニ　CEニ
-4修(上)㊨Aセム→セシム　BCEセシム
-4在㊨ABCラム　Eラン(リ右記)
-3善(上)㊨Aヲシテ　BCEヲシテ　C「ヨク
イ」と左傍註記
-3行㊨ABCセム　Eセム(ス右記)
-3巧㊨Aケウ　Bケウ　CEナシ
-1衍(上)㊧Aカン　BCカン　Eナシ

87
2見(上)㊨ABCセム　Eン(ス右記)
2體㊧Aミ　BCEナシ
3體D「イ无」と右傍註記
3得(下)B右傍補記
4演㊨ABCセム　Eセン(ス右記)
5愍(上)㊨ABCシテ　Eシ(シテ右記)
5愍(下)㊨ABCシ　Eシ(シテ右記)
5得(上)㊨ABCム　Eヱン(ウ右記)
5度(上)㊨ABCセム　Eン(ス右記)
5堅(上)㊧Aカタク　Bカタク　CEナシ
5固(上)㊧Aカタシ　Bカタシ　CEナシ
6甚A上欄補記　㊨Aハナハタ　Bハナハタ　C
Eナシ
6若Cナシ(「若ィ本ニアリ」と上欄註記)
7放㊨Aハウ　Bハウ　CEナシ
7逸㊨Aイチヲ　Bイチヲ　CEヲ
7兼㊧Aカヌ　BCカネ　Eナシ
7利㊨ABCセム　Eセン(ス右記)

-7无㊨Aナケムトナリ→ナケムトナリ　BCケ
ナムトナリ　Eケントナリ
-7疲㊧Aツカレ　BCツカレ　Eナシ
-7厭㊨Aエン　Bエン　CEナシ
-6註C主(「註ィ」と上欄註記)
-6言㊨ABタマヘリ　Cマヘリ　Eヘリ
-5言㊨Aナシ　BCEク
-5稱㊨ABCルコトハ　Eス(スルコトハ右記)
-4招㊧Aマネキ　BCマネキ　Eナシ
-4喚㊨Aクワンシタマフ　BCクワンシタマフ
Eシ下フ
○
-2有A衆を有と上書訂記
-2斟㊧Aタヽヨフ　BCタヽヨフ　Eナシ
-1矜哀㊧ACオホキニアワレム　Bオホクアワ
レミ　Eナシ
-1行㊨Aマフシ　Bマフシ→マイシ　CEシタ
マヒシ
88
2有D「情ィ」と右傍註記　E有+情

4言㊨ABマハク　CEク
6言㊨ABマハク　CEナシ
6愛DE歓喜＋愛
6得㊨ABCムト　Eン(ウ右記)
-7曰㊨ABナシ　CEク
-7向(上)㊨ABシタマヘル　Cセル　Eセル
(シ玉ル右記)　㊧Bセル
-5生㊨ABCセシメタマフナリ　Eシメ下ナリ
-4
已E右傍補記
-3向㊨AEヘシメタマフナリ　Bヘシメタマフ
ナリ↓カヘラシメタマフナリ　Cカヘラシ
メタマフナリ
-3爲㊨Aニトノタマヘリ　Bシタマヘリ(ニト
ノタマヘリと右記)　CEニシタマヘリ
-1云㊨ABク　CEナシ
89
2應(下)㊨Aト↓シト　BCEシト
6名㊨ABクトノタマヘリ　CEトノタマヘリ
7云㊨ABCク　Eナシ

7生㊨ABCル、　Eル　㊧Eスト
7者㊨ABCモノハ　Eノハ　㊧Eハ
6名㊨ABクトノタマヘリ　CEトノタマヘリ
-7作㊨Aセ↓ス　BDEセ　Cナシ
-7由㊨Aナホ↓ヨテ　BCヨテ　Eテ
-7若㊨Aコトシ↓コトクナルニ　BCEコトク
ナルニ
-5退㊧Eスルコト　ABCナシ
-5道㊧Eシテ　ABCナシ
-5失㊨ABCスル　Eフ　㊧Eコトヲ
-5也已上A問を已上と上書訂記
-4眞A曰を眞と上書訂記
-4白者C右傍補記
○
90
5得C「徳ィ」と上欄註記
7境㊨Cイ　㊧ABサカイ　Eナシ
-6從㊨ABシタカヒタテマツラ　Cタノミタテ
マツラ　「シタカヒタテマツラィ」と左傍註記
E上ラ

● -7 輕㊧ＡＢカロク　ＣＥナシ
-6 歎Ｄ嘆
○ -4 疑蓋㊨ＢＣキ　カイ　㊧ＢＣウタカフコ、ロナ
リ　ＡＥナシ
-1 言㊨ＡＢノタマヘリ　Ｃタマヘリ　Ｅヘリ

91
4 不可説不可稱　ＢＣＥ不可稱不可説　Ｄ「不可
稱ィ在之」と右傍註記
○ 7 少ＣＥ小
-7 心Ａ右傍補記
-5 願作佛心Ａ右傍補記
-1 曰Ｃ云

92
2 攝取㊧ＡＢＥナシ　Ｃオサメムカエトリタマ
フトナリ
2 生(下)㊨Ａル　ＢＣＥセシムル
7 與㊨ＡＢヨシタマヒテ　Ｃセシメタマヒテ
Ｅシ下フテ　㊧Ａナシ　Ｂホトコシアタフ
Ｃホトコシアタフ　Ｅナシ
7 向㊨ＡＢヘシメタマフトナリト　Ｃヘシメタ
○信巻末

マフナリ　Ｅシメタマフナリ
-7 昭ＣＤＥ照　Ｃ昭の下に小さく灬を書く
-7 末Ｃ未
-6 智Ｃ知を智に改め「智ト也」と上欄註記

93
-4 可㊨Ａシ↓キ　ＢＣＥキ
4 越㊨ＡＢＣナシ　Ｅス（スル右記）
4 之㊨ＡＢＣナシ　Ｅノ
4 法㊨ＡＢＣナシ　Ｅヲ（ナリ右記）
5 號㊨ＡＢシタテマツルナリト　Ｃシタテマツ
ルト　Ｅシ上ルト
-5 間Ｂ問

○信巻末

93
-4 夫Ｃ「末始」と上欄註記　ＤＥ前に「顯淨土眞實
信文類三末愚禿釈親鸞集」の内題　撰号アリ
-2 言㊨ＡＢノタマハク　ＣＥハク
-1 向㊨ＡＢシタマヘリ　ＣＥセシメタマヘリ
Ｅシ下ヘリ（右記）

94
-1住㊨ABCEセムト　Eス｜（右記）
1言㊨ABノタマヘリ　Cマヘリト　Eヘリト
2喜DE喜＋愛樂
3言㊨ABノタマヘリ　Cマヘリト　E下ヘリ
ト
4言㊨Cマヘリト　Bノタマヘリト　Eヘリ
Aナシ
5言㊨ABノタマハク　CEク
7説C脱（「説ィ」と上欄註記）
-6為㊨ABストノタマヘリ　CEスト
-3心㊨ABCノ　Eノ｜
-3貌㊨ABカオハセヲ　CEカオハセ
-1獲得㊨Aスレ　Bナシ　Cトクスル　Eスル
㊧AEナシ　Bウル　Cウルナリ

95
1獲E得
1冥B宣　D貞
-7相D「イ無」と右傍註記
-6實（上下）㊨ABCナシ　Eノ｜

-4生（下）㊨ABCセシムル　Eシム

96
1要㊨Aストノタマヘリ　ル↓リ　BCEス
1也㊨AEナシ　BCトノタマヘリ
2云㊨Aナシ　BCEク
2无㊨Aマシマサスト　Bマシマサス　CEマ
サヽル
2心（二）E心＋者㊨Eハ｜　㊧Eイ无｜
3如㊨ABCキ　Eシカ｜（右記）
4也㊨Aナシ　Bトノタマヘリ　CEトノタマ
ヘリト
5異E畏（異と下欄訂記）
-6提BC薩　C（「提ィ」と上欄註記）　B提を薩と
上書訂記
○
-1土A右傍補記

97
3言C云　㊨Aノタマハク　CEク　Bマハク
4言C云
4所Aナシ（上欄に補記の跡があるが不祥）　B左
傍補記

6言C云
-7經細注B友謙＋三蔵訳　C言友謙＋三蔵也　D
E言友謙＋三蔵訳　E訳＋也
-7言㊨ABナシ　CEク
-4趣B右傍補記
-2四A上欄補記
-1言㊨ABマハク　CEク

98

1言ABナシ　CEク
1將㊨ABEニ　Cサニ　㊧ABスト　Cス
（ト抹消）　Eナシ
2言㊨ABハク　CEク
2渚C諸を渚と上書訂記
5寺和尚CE師
5白㊨ABCマフサク　Eサク
6輕㊨ABCナシ　Eロク（メテ右記）　㊧Cカ
ロメ
7淪DE輪　㊨ABEナシ　Cリン
7絶㊨Aタフルオヤ　Bタエヌルオヤ　Cタエ
○信巻末

ヌルヲヤト　Dタエヌルヲヤ　Eフルヲヤト
㊧Eス
-7云ACEナシ　Bク
-7已㊨ABノレカ　Cイカ↓レカ　Eレカ
-6少㊧Eセウ　ABCナシ
-6苦㊨ABCキニ　Eニ　㊧Eクニ
-3眞（下）C眞の下に入れるべく文を上欄補記
○
-1言㊨ABノタマハク　CEナシ

99

1觸㊨Aス↓フル、　BCフル、　Eル、
3覺巳上C注ナシ
4言ABノタマハク　CEク
5有情A「衆生」を「有情」と右傍訂記　CDE衆生
7言㊨ABノタマヘリト　Cヘリ　Eヘリ（フ
右記）
7慶㊨ABCヨロコハシキ　Eハ、（フハ右記）
-7言㊨ABノタマハク　CEク
-6言㊨ABマヘリト　CEヘリ
-5言㊨ABノタマヘリト　CEノタマヘリ

-5者㊨ABCヒト　Eノハ（ナリ右記）
-5生㊨ABCルト　Eルト（ス右記）
-4言㊨ABハク　CEク
3説A右傍補記

100
1言㊨ABノタマハク　Cマハク　Eハク
2在㊨ABマスカ　CEマシマスカ
2云㊨ABノタマハク　CEク
-4興㊨Aト↓タメニ　BCEタメニ
7養㊨ABスルコトヲ　CEシタマフコトヲ
㊧Bシタマフコト
-6悪AC善　C「悪歟」と右傍註記
-5波CE般
○
-5末C末
-4行㊨ABセム　CEセシム
-3云㊨ABノタマハク　CEナシ
-3要㊨AトスルヲBCEカナラス
-2佛㊨ABCセムト　Eナリ（セント右記）
○
-1末C末

101
1云㊨ABノタマハク　CEク
3㊟出CE要　D「要ィ」と左傍註記
4云㊨ABCナシ　Eク
4疑（上）㊨ABCウタカフコトヲ　Eフコトヲ
㊧Eト
4疑（下）㊧Eトナリ　ABCナシ
●
6婆至乃C上已（底本脚注④は六行目の乃至への注と誤り）
-7云㊨ABク　CEナシ
-6更㊧Eサラニ　ABCナシ
-6悲A右傍註記
-6弘D「傳ィ」と左傍註記
-5佛㊨ABCスル　Eノモノ（ノミ右記）
-2捨㊨ABテタマハ　CEタマハ
-1照㊨ABシ　CEナシ　㊧AEナシ　BCテマシ
-1攝㊨ABCムト　Eスルコトハ（ヲ右記）㊧AEナシ　BテラシオサメCテラシオサメ

ス
-1 者㊨ABCヲ　Eハ(ヲ右記)
102
1 忽㊨Aニ↓タチマチニ　Bタチマチニ　Cマチ
ニ　Eチニ
3 令㊨ABシメムト　Cメムト　Eント
4 忍(上)㊧ACEナシ　Bフタイノクラヰ
4 多㊨ABCク　Eク(ハ右記)
5 云㊨Aナシ　Bイハク　CEク
5 能E徳
6 善㊨ABCヲシテ　Eヲシテ(モテ右記)
6 名㊨ABミナヲ　CEヲ
-6 佛㊨ABCノ　Eノ(スル右記)
-4 名㊨AEヲ　BCミナヲ
-3 入㊨Aラム　Bラム↓ルコトヲ　CEルコト
ヲ
103
1 語㊨ABCニハ　Eナリ　㊧Bナリ
4 言㊨ABハク　Cナン　Eク
4 於㊨ABCヨリ　Eヨリ(テ右記)
○信巻末

4 界㊨ABCナシ　Eニ
5 養㊨ABCセリ　Eセリト(ス右記)
6 言㊨ABノタマハク　CEク
-7 云㊨ABEク　Cナシ
-7 唱C昌　E昌の左に口を小さく補記
-7 有AC右傍補記
○
104
2 昭CDE照
2 云ABCク　Eナシ
○
2 擧C譽
4 参㊧Eサン　ABCナシ
4 禪㊧Eセンシテ　ABCナシ
4 社D「堂造」と右傍補記　㊧Aナシ　BCイヱ
Eヲ
5 熟E孰
5 劉C「左大臣」と左傍註記
5 柳子厚BCD「右大臣」と左傍註記
5 土C上(「土」と左傍註記)
-7 四㊨ABCナリ　Eナリ(ナルコトハ右記)

-6 云C言㊨ABク　CEナシ
-5 云㊨ABク　CEナシ
-3 言㊨ABノタマハク　CEク
-3 説㊨ABトキタマハク　Cマハク　Eハク
-3 學㊨Aマナフテ　BCEナラヒテ
-1 云㊨ABク　CEナシ

105
1 鸞Cナシ
2 快D「決ィ」と左傍註記
3 言㊨ABノタマハク　Cマハク　Eク
4 一Cナシ
4 闡提㊨AEナシ　ナリ　Bセン　ナリ　Cセン　タイ　㊧AEナシ　Bヒラク　フクノコトハナリ　Cヒラク　シントコトハ　フクノコトハナリ反
-5 言㊨ABCク　Eナシ

106
3 顔容㊨AEナシ　BCヨウ　㊧AEナシ　BCオンカホハセ
3 言㊨ABCハマク　Eハク

---

6 言(上)㊨ABEサク　Cマウサク
-6 言(上)㊨ABCタマフ　Eノ下フ
-4 知BC智
-2 業A右傍補記
-1 崛駕C届加為(「加為」に「駕ィ」と左傍註記)

107
1 王A右傍補記
1 答C益(答と左傍註記)
1 言㊨ABCマク　Eハク
2 貌C藐
2 屑CE「屑ィ」と右傍補記　㊨ABCセウ　Eシン(右記)　㊧ABCカワキ　Eナシ
2 憔C燋　B「燋サウ反カハク」と上欄註記　D「燋ィ」と左傍補記　㊨Eセウ(セウ右記)
3 王A右傍補記
3 我之C「レハコレィ」と小さく左傍註記　Eハレ
4 目BC日　B「目ィ」と右傍註記　目→日
-7 故Cナシ
-7 无D無+有

-7惟㊨Aヤ、　C「ヤ、ィ」と左傍註記　Eタ、
㊧Bコレ反　Cコレ（右記）　AEナシ
-5後C従　B復
-4身C腹腹（「大正蔵経」㊂(宝)腹）
-4復C等
-3實D「亦ィ」と左傍註記
-3无C「ケムィ」と左傍註記
-2賒C舎
-2梨C「離歟」と左傍註記　E棃

○108
2滅時C除特
2言㊨ABEク　Cマハク
2滅除D除滅
2徳C得
3言㊨ABク　CEイハマク
5邪E乎
6仁㊧AEナシ　Bアワレミ　Cアハレミニ
（下に小さく）
6特C持（「特コトニ□」と左傍註記）

○信巻末

6無B无と左傍註記
6辜BCE過咎
6師C「ニィ」と左傍註記
7通C「シティ」と左傍註記　㊨Eシテ
7及A右傍補記
-7人A右傍補記（「大正蔵経」者）
-5數數C數（＝「大正蔵経」）
-5使C「メィ」と左傍註記　㊨Aシメ　BCシメム
Eメム
-4殺D「害ィ」と左傍註記
-3刪A𠛬　B「刪セン」と上欄註記　CE刪　㊨E
サン
-3闍D闍（「闍ィ」と右傍註記）　㊨Eヤ（邪右記）
-2毗㊨Eヒ　ABCヒ
-2羅㊨Eラ　ABCヒ
-2肱D「脛ィ」と上欄註記　肱と右傍註記　E眩肱
セン右傍補記
-2子㊨Eシ　ABCシ

-2 郎D「復ィ」と右傍註記　Eナシ
-2 言(下)㊨ABCイハマク　Eハク
-1 辜E過　㊨ABCEツミ
○109 3 睺C矆
○4 沙C右傍補記
○7 餓C䣭
○-6 愁(中)C総
-5 阿耆多翅㊨Eアキタシ　ABCアキタシ
-5 金D「舎ィ本」と右傍註記　㊨Eキン
-5 婆㊨Eハ　ABCハ
-5 羅BCD羅＋乃至　D乃至の左傍に「イム」と註記　㊨Eラ　ABCラ
-4 徳C得
-3 破㊨Eテ(センニ右記)ABCセム　㊧Bテ
-1 彼Bナシ(上書スミケシ)　D「故ィ」と右傍註記　E故
-1 長Cナシ　B彼
-1 大王D「イ无」と右傍註記

○110 3 者C者＋「實亦无害若无我者復元所害何以故若有我者」(上欄補記)＝E本文中にアリ
-7 非C非＋「人無罪」　B「人無罪イマノ本ニアリ三字」と下欄註記
-7 罪人(下)Cナシ　B「今本ニ无ニ字ハ」と左傍註記
-7 云C「人ィ」と上欄註記
-4 延C延＋乃至　D「ィ無」と右傍註記
-4 畏CD畏＋乃至　D「ィ無」と右傍註記
-3 犍D「提ィ」と左傍註記
-3 言㊨ABク　CEサク
-2 言㊨ABマク　Cイハマク　Eク
-1 不C「王」と上欄註記
-1 辜B辜＋咎(「イ本无」と左傍註記)　C＋咎　D「過咎ィ」と左傍註記
111 2 穏E隠
3 王A上に雖とあるを抹消
4 説㊨ABハク　Cキタマハク　Eナシ

-6 飯C鈑
-6 得㊨ABCタマヘリト　E下ヘリト
-6 有㊨ABCマシマシテ　Eシキ
-5 破㊨ABセシムルコト　CEセシム
-3 令㊨ABCメタマフ　E下フ
112
2 戰㊨ABセン　Eセン　㊧ABCオノ、ク　E
ナシ
2 慓A「或本作惶字」と上欄註記　D慓（「慓ィ」と右傍註記し、さらに「惶ィ」と左傍註記）　E惶
㊨Eクワウ　ABCヘウス　㊧ABオソル　E
ナシ
2 梓D揺と左傍註記　㊧Aナシ　Bハタラク　C
ハタラク反　Eナシ
3 天C汝　B「イ本」と右傍註記し、さらに「汝チ
ンカ」と左傍註記
4 沙E婆
5 冷ABDE冷　D「冷ィ」と左傍註記
5 瘡(下)㊨ABCナシ　Eカサ
○信巻末

○
5 蒸E煎　㊨ABCアツカワシ　Eアツカハシ
6 ㊟略出CE抄出
-7 徳C得　B「得イマ字」と右傍註記し、さらに「イ
本字」と左傍註記
-7 末C未
-7 賒梨CE舎離　B「舎離」と下欄註記
-6 徳C得　B得と右傍註記
-6 邪E那右傍補記
-6 肱D「センィ」と左傍註記　E眩（肱右記）
-5 嗜CE耆
-5 婆B波
-3 加羅鳩駄迦旃延　名尼乾陀若犍子。　CE名尼犍。
陀若犍子　加羅鳩駄迦旃延＝見聞集
-2 言㊨ABノタマハク　CEク
-2 王D「イ無」と右傍註記
-1 解C「ケスルコトィ」と左傍註記　㊨ABCコト
Eトクコト
-1 世C世＋王　ADE王ナシ　B王と左傍註記
○

113
3見ABCミムモノニハ　Eモノニハ
3世A右傍補記
5爲A右傍補記
5世E右傍補記
-5言㊨ABノタマヘリ　Cマヘリ　E下ヘリ
-3入(上)㊨Aル→レリ　BCEレリ
-2照㊨ABシタマフニ　Cタマフニ　Eナシ
-2白A右傍補記
-2言㊨ABCイワマク　Eハク
-1枚㊨ABCタマフソヤト　Eチ下フ
-1大D「耆婆答言ィ」＋大　見聞集「耆婆答言」(大ナシ)
-1相似C似相

114
1言(上)㊨ABCマク　Eイハマク
1言(下)㊨ABCイハマク　Eハマク
4慈念不放逸者　D生慈悲念不放逸者(生の字は右傍補記、生と悲の二字に「イ」と註記)
6觀㊨ABミソナハサ　CEナワサ

7觀㊨Aス　Bミソナワス　CEナハス
-7言㊨ABCマク　Eク
-6言㊨ABCマク　Eク
-6鮮㊨AEナシ　㊧Bアサヤカ　Cアサヤカニ　見聞集㊨アキラカニ
-1言㊨ABノタマハク　CEク

115
1若D者＝見聞集
1獄D「地ィ」と右傍註記
3災A「或本遇火」と上欄註記　B遇火(「災サイイマノ本ニアリ」と左傍註記し、さらに「イマ本无此二字」と左傍註記し、さらに「遇火二字ィ本」と下欄註記)　D「遇火ィ」と左傍註記
4到C至
○5未C末
○5設BC誤　C「アヤマチ」と右傍註記　A設を誤に改む
7言㊨Aハム　Bハム→ノタマフト　CEノタマフト

7獄D「佛告ィ」と左傍註記
-6但D「唯ィ」と左傍註記　E但ナシ
-5坐㊧Eツミ　ABCナシ
-4得㊨ABエタマフ　Cタマフ　Eナシ
-3受㊨ABCタマハ　Eナシ
-1有㊨ABCマシマス　Eマス
-1罪(上)D羅(「罪ィ」と右傍註記)
116
1獵鹿C鹿ナシ　E鹿獵シャレウ(射ナシ)　㊨AB
Cレウシテヲ　㊧BCカリ　AEナシ
○
3驅BC駈
3逐CE遂
-7無E無＋有
-4呪BE咒㊧AEナシ　BCノロフ
-1已㊨ABCテ　Eナシ　㊧Eヲハテ
○
-1恨C根
117
1王Cナシ　B「イ本字今ノ二无」と左傍註記
2幻(下)Cナシ　B「イ本今本无」と左傍註記
3殺D有＋殺
○信巻末

3其非C非其
3知(下)ABCシロシメセリ　Eシメセリ
○
4其C左傍補記
5知㊨Aシメセリ　BCシロシメセリ　Eセリ
6之A右傍補記
6實Cナシ　D眞＋實
○
6親D抹消の注アリ
-5知㊨ABCメセリ　Eセリ
-4了E子(了と右傍補記)
-4謂D為
-3知㊨ACDメタマヘリ　Bメタマヘリ→メシ
メタマヘリ　Eセリ
-2知㊨ABCメセリ　Eリ
-1者C「因歟」と右傍註記　D「因ィ」と右傍註記
-1王A右傍補記
118
2燃E然　㊨AEセ　BCトモス
7有(三)D者と右傍にアリ
-5大王夫C夫大王

-3 樹D「イ無」と右傍註記
-3 者Cナシ　B「者イ本ニアリイマノ本ニ无」と右傍註記

119
1 見㊨ACマツル　Bシタテマツリ　E上ル
1 佛D「是ィ」と左傍註記
2 見㊨Aナシ　Bミタテマツリ　CEマツリ
2 得㊨Aル　BCエタマフ　Eナシ
3 使㊨Aシム　BCシムトモ　Eムトモ
6 得㊨ABCエシム　Eシム
7 言ABCDイハマク　Eマク　見聞集ク
○ -7 未C末
-6 三藐D「イ無」と右傍註記
-5 頌Cナシ　B「イ本」と左傍註記
-5 言ABマフサク　Eサク　見聞集ク
-3 療㊨ABEス　Cレウス（レウ加筆）
-1 語(下)D「言ィ」と右傍註記

120
3 亦CE及
4 結C果（「或本結字也」と上欄註記）

5 修C故　B「イ本字」と左傍註記し、さらに「イマノ本ニ故有ナリ」と下欄註記
5 行㊨Aヲ　BCEシタマフコト
-7 在㊨ABCマシマサム　Eマサン
-5 後D「後ィ」と左傍註記
-5 更D「サラニィ」と左傍註記　ABCマタ　Eニ
-5 發㊨ABCセシム　Eセシメム
-3 妙徳D「文珠ィ」と左傍註記　涅槃経「文殊」
-2 讃㊨ABメタマハク　CEタマハク
-1 佛㊨ABノミモトニ　CEニ＝見聞集

121
○ 1 未C末
○ 1 復B後を復に改む
3 得A右傍補記
4 伽E訶
4 國擧　A擧國を國擧と訂記　B擧國（但し國を擧の上に置く記号アリ）
4 人民E一切＋人民
5 言ABノタマハク　CEナシ

5祇B「耆ィ」と右傍註記
-7原D厚(「原ィ」と右傍註記)　E厚
-6入C「ル歟」と左傍註記
-6子E女(「大正蔵経」女)
-3法B「往ィ」と右傍註記
-3三(下)E二
-3索B「索シャク」と下欄註記　㊨AEスルニ
BCシャクスルニ　㊧AEナシ　BCモトム
-1罪B羅(罪と上欄註記)　㊨ACEカ　Bツミカ
㊧ACEナシ　Bサイ

122

1至C生　B「イ本字イマ字ハ生」と左傍註記
1所㊨AEトニ　BCミモトニ

○

2随C堕　E随　㊨ABEテ　Cシタカテ
4況E況　㊨Aイ□ヤ　Bイハンヤ　Cハンヤ
Eヤ
5瞿曇D「釋迦御名也」と右傍註記

○

6磨C摩
-7汚坌㊨ABCワ　フンス　Eワ　フンス　㊧
ABCケカス　ヌル　Eナシ　ヌル
-4達D達＋多　C「多歟」と右傍註記

○

-2未C末

○

-1未(下)C末

123

2護㊨Aマホルカ→マモルカ　Bマモルカ　C
Eルカ
2於㊨Aシテ→ヨリ　BCEヨリ
3上㊨Aニ→ヘ　BCEヘ
3婆羅㊨Eハラ　ABCナシ
3畱D「留ル」と上欄註記　㊨ABCオン　Eヲン
3枝㊨ABCト　Eシ
6雨行A行雨を雨行と訂記し、さらに「或本雨行」
と上欄註記
6作㊨ツクルト→ツクルヤト　Bツクルヤト
Cツクルト　Eツクルコト

○

6末C未
7閉E閇

○

-3大BC父(「大正蔵経」父)

○信巻末

-1 雨行A行雨を雨行と訂記し、さらに「或本行雨」と上欄註記

124

2 无㊨Aケムト↓マシマサスト　BCマシマサスト　D「ナシケンィ」と左傍註記　Eマサム

3 有㊨ABマシマスコト　Cマスコト　Eコト

5 獲㊨Aエシム↓エシメタマヘト　Bエシメタマヘリ　Cエシム　Eシム　㊧Bシム

-4 入㊨ABリタマハ　Cタマハ　Eリ

-3 冶E冶＋之

○ -2 憫C閔

-2 療㊨ABEシタマフ　Cレウチシタマフ　㊧Cチス

125

2 除Cナシ

3 言㊨ABノタマヘリ　Cマヘリ　Eヘリ

6 曰㊦㊨ACナシ　BEク

○ -7 五逆C者の下に補記

-2 言㊨ABEハ　Cハ＋イフトナラと右傍補記

126

3 冰AB泳　E氷

3 煙ABC炯　E烟

7 无㊨ABマシマサスハ　CEマサスハ

-5 稱DE秤　C「秤敷」と左傍註記

-3 佛㊨ABCヲ　Eト

-1 先㊧Eセン　㊨ABマツ　CEツ

-1 牽㊧Eケン　㊨ABCEヒク

127

1 曰㊨ACEナシ　Bク

6 蹔E暫

○ -5 除細注BC大文字

○ -5 ㊟闘BC門鬬

-4 ㊟之Cナシ

128

3 但㊨ADシ　Bシ↓タ　Cタ、　Eナシ

3 曰㊨ACEナシ　Bク

4 曰㊨ACEナシ　Bク

5 言㊦㊨ABEフカ　Cイフカ

-6 云㊨ACEナシ　Bク

-4 除E除＋誹（朱点抹消）

-2 言㊨ABCノタマヘリ　E下ヘリ

-1除㊨AEクコト　Bクコト↓ト　CEクト
-1令E命
○129
1未C末
2得㊨ACエシメム　Bシメム　Eメン
○7齊B齋
-7所㊨ABミモトニシテ　CEトニシテ
-6弘㊨Aメシタマフニ　BヒロメタマフニC
シメタマフニ　Dメシタマフニ　Eメシニ
130
1云㊨ACEナシ　Bク
2㊟殺B刹
4波CDE婆
6落D覆（左傍に訂正符号アリ「落ィ」と左傍註記）
E覆
7閉E閇
○-5驅ABCE駈
-4業已上B注ナシ
-2也Dナシ
-1顯淨土眞實信文類三　Bナシ　DE三＋末

○証文類

133
1顯淨土眞實證文類四C旧表紙「―第四」
-3言㊨ABハク　CEク
-3設B「十一必至滅度之願」と右傍註記
-1言E云㊨ABハク　CEク
-1有A上欄補記
-1情㊧ABナサケコ、ロ　Cナサケコ、ロ（小
さく左傍註記）Eナシ
134
2生㊦㊨Aルレ　BCレ　Eル
2者㊨Aノル↓ハ　BCEハ
3邪A右傍補記
4快樂㊧ABCタノシコ、ロナリ　Eナシ　ナ
リ
4泥洹㊨AEナシ　BネチハントイフナリC
ネチハントイフ
5洞達㊨ABアキラカナリ　セリ　CEナシ
セリ　㊧Aホカラカナリ　サトル　Bサトリ
Cアキラカナリ　Eナシ

6顔貌㊧Aカヲハセ　カヲハセ　Cカオハセ　ナシ　BEナシ

6端政㊧ABナヲシ　タ、シ　CEナシ

-7到㊨Aル↓タラシメム　Bイタラシメム　Cタラシメム　Dラシメム　Eラシム

-7荘B「難思議往生成就」と右傍補記

○-4剋DE尅　㊧ABキサス　Cキサス反（小さく）Eナシ

-1議㊨ABEニマシマス　Cマシマス

2因縁㊧ABタネ　タスク　CEナシ

135
1朽ABC杇㊧ABクチスル　CEナシ

○2朽ABCE杇

○4朽ABCE杇

7苦樂C若樂（「苦樂歟」と上欄註記）

-6皆Cナシ

○-5淄ABC溜　㊧AB水　CEナシ

-5澠㊧A水名　B水名ナリ　CEナシ

-3偈B「難思議往生成就」と右傍補記

-3言ABCタマヘリ　Eヘリ

-2得㊨Aニ↓レハ　BCEレハ

136
1然B「難思議往生成就」と右傍補記

2欲㊨ABCオホシテナリ　Eシテナリ

2齊㊨Aトシク　タスクトモ（右記）　BCヒトシク　Eシク　㊧Aサイ　Bサイ反　CEナシ

2歸㊦㊨ABEセシメタマヘリ　Cセシメタマフト

3奉㊨AEナシ　Bフ　Cフ反　㊧ACタテマツル　Bタテマツリ　Eナシ

6禮㊨ABCシタテマツルト　Eナシ

7云㊨Aナシ　BCEク

7言B「難思議往生成就」と右傍註記

7如㊨Aコトキハ↓シ　Bシ　Cコトキハ　Eキハ

-7不㊨Aルコト↓サルハ　Bサルコト　CEルコト　Dサレハ

-7深㊨ABCEナレハ　Eシテ(右記)
-7教㊧Eケウ　ABCナシ
-7門㊧Eモン　ABCナシ
-7難㊧Eカタシ　ABCナシ
-6曉㊧Eアキラメ　ABCナシ
-6惻E測
-6闚ABCD閴
-6方㊨Aニシテ→ヨリ　Bヨリ　CDEニシテ
-5來迎C「來迎」と上欄に貼紙
-5奉㊧ABウケタマハリテ　CEナシ
-3云㊨AEナシ　Bク　Cイハク
-3熏㊨Aカムシテ→クンシテ　BCクンシテ
Eシテ
-1云㊨Aナシ　BCEク
●-1歸去㊨ABCイサ　イナム(底本イサは歸に対
する訓点)　Eイサイ　㊧Eイサハ　カヘリナム
137 1愁歎AC「或本生死字也」と上欄註記　B歎愁生
死　A「生死」の右に「歎愁」とアリ、「生死」の下
に入れるべく指示アリ
○1平C乎「死ィ」と左傍註記
1彼A下欄補記(指線アリ)
-6觀㊧ABミソナハシ　Cミソナハス　Eナシ
-3論B「難思議往生成就」と左傍註記
138 1言㊨ACEナシ　Bク
2故㊨ABCニトノタマヘリ　Eニト
-5施㊧ABホトコス　ハツストモ　Cホトコス
反　ナシ　Eナシ
-3見(下)㊨ABCル　E上ル
-1進趣㊧ABス、ミオモムク　Cス、ムト反
ナシ　Eナシ
-1階級㊧ABCシナソイ　シナワイ　Eナシ
139 7設B「廿二生補處之願還相廻向之願」と右傍補
記
-7化B他
-2如㊨ABクセム　Eクセン(ナラン右記)
-2此㊨Aノ→クノ　BCクノ　Eナシ

-1菩A若を菩と上書訂記
140
2計㊨ADEハカルニ　Bハカルニ↓ハカラフ
ニ　Cハカラフニ
3制㊨ABEストノタマヘルヲ　Cセイトノタ
マヘルヲ　Dノタマヘルヲ　㊧ABト、ム
Cスルコトヲ　Eナシ
4言ABCミコトニシテ　Eミコトナリ
5現㊨ABCEシタマヘルナリト　Dタマヘリ
ト　㊧Dタマヘルナリト
-7已A上に一字抹消アリ
-6有㊨ADマシマスト　Bマシマス　Cマスト
Eスト
-3上首Cナシ
-2劫C「幼ェゥ」と上欄註記　D「幼ィゥ」と上欄註
記
-2有ABCマシマスト　Eマスト
-2増㊧ABマサル　スクルトモ(左記)　Cマサ
ル反(下記)　Eナシ

-1観(下)㊧ABミソナハス　CEナシ
-1察㊧ABCカ、ム　Eナシ
141
3行(上)D行＋體(抹消記号アリ)
3義㊧ABCハカラウ　Eナシ
3四行C「如大経説」と左傍に貼紙(「身不動」の右
にアリ)
○3絃B絖　D統　㊨Aカヌ　カイ(右記)　BCE
カヌ
4動揺㊧ABCオコク　ウコク　Eナシ
5言㊨ABCマヘリ　Eヘリ
6故㊨ABCトノタマヘリ　Eニトノ下ヘリ
-7轉㊧ABCカフル　Eナシ
○-6蹔DE暫
-6休息㊧ABCヤミ　ヤム　Eナシ
○-5言日未足以明不動　C「日イマタタラサレトモ
アキラカナルヲモテフトウトイフィ本」と左傍註
記
-4淤D於

-3 紹隆㊧ABCツキ　タツ　Eナシ

-1 苦A右傍補記

142

1 會㊧ABCアツマル　Eナシ

2 言㊨ABCヘル　Eフ

4 言㊨ABCヘリト　Eフ

6 世E切

6 肇B「難思議往生成就」と左傍註記

6 公㊨Aノ→コウノ　BCコウノ　Eノ

7 玄籍㊨ABCアラハス　フミ　Eナシ

-7 无㊨ABCマシマサヌ　Eマシマサヌ(ナキ右記)

-6 言㊨Aタマヘルニ→タマヘルカ　BCEタマヘルカ

-6 无㊨Aサヌ→マサヽラム　BCマシマササラム　Dサヽラム　Eマササヌ(ナキ右記)

-5 句(上)㊨Aハ→ニ　BCEハ

-3 願A下欄補記

143

1 故㊨ABCニトノタマヘリ　Eニ

5 絃D統

7 故㊨ABCニトノタマヘリ　Eニ

-6 相C相＋者(「コノシナシ」と左傍註記)

-6 智(下)㊧ABサトル　CEナシ

-3 樹㊨ABCタツルコトハ　Eアラハスコトハ

-2 非(上)Aル→サレ　Bサレ　CEレ

-2 于A亐に于と上欄註記

144

2 故㊨Aニ→ヘナリ　BCヘナリ　Eニ

3 如㊨ABCキノ　Eク　㊧Eコトキニ

3 向㊧Eサキニ　㊨ABCEキニ

3 説㊧Eトク　㊨ABCカ　Eツル

6 應知㊨ABCシトノタマヘリ　Dル　CEナシ

-4 曰㊨ABEナシ　Cク

-4 言㊨ABCヘルハ　Eフハ

145

1 為㊨ABCタルヘキヲ　㊧Eタルヘキヲ

3 如㊨ABCノ　Eク(キノ右記)

3 修行㊧Eシュ　キヤウ　ABCナシ

3成就㊧Eシャウ　シユシテ　㊨ABCシテ
3柔輭㊧ABCヤハラカナリ　Eニウ　ナン
3輭(上)D濡と下欄に貼紙　E耎
3心㊨ABCナリトノタマヘリ　㊧Eシンナリ
ト
3輭(下)D濡と上欄に貼紙　E耎
4成㊨Aスル→セル　BCEセル
5知㊨ABCトノタマヘリ　Eルト
6就㊨ABCシタマヘリトノタマヘリ　Eス
-6在㊨Aリ　BEリ　Cアリ
-4
抜E救
-4生㊨ABCセシム　Eント
-3名㊨ABCクトノタマヘリ　Eクト
-1生(下)㊨ABEセシムル　Cシャウセシムル
Dシムル

146

3欲㊨ABCオホスカ　Eフト
3
抜E救
5向㊨ABCヘシメタマフナリト　Eワシムナ
リ

○

6方Aナシ　BC右傍補記
-7擿(上)D「稀テム玉ニイハク他念切木杖ナリ廣ニ
イハク火杖ナリ」と上欄註記
-7㊟念D「字ィ」と右傍註記
-7㊟摘字他暦反排除也A上欄註記　BCDEナシ
-7㊟歴D「暦ィ」と右傍註記
-6擿D「玉ニイハク雉戟反投也棄也廣イハク投也
搔也振也」と下欄註記
-6後㊨ABCニ　Eレルニ(右記)
-6而㊨ABCシテ　Eモ(右記)
-6身(下)㊨ABCミ　Eミ(右記)
-6先㊨ABCニスルヲ　Eサキ
-3知㊨ABCレハ　Eテ(レハ右記)
-3就㊨ABCシタマヘルヲ　Eヲシ下フ　㊧A
ツクナル　Bナルツク　CEナシ　Dク
-1故㊨ABCニトノタマヘリ　Eニト

147

2故㊨ABCニトノタマヘリ　Eニ

3憐愍㊨Aナシ　シタマフ　BCレンミンシタマフ　Eナシ　シテ　㊧ABアハレミ　アハレム　CEナシ
4故㊨ABCニトノタマヘリ　Eニト
6得㊨ABCタマヘルカ　Eカ
-7故㊨ABトノタマヘリ　CDニトノタマヘリ　Eニ
-6故㊨ABCニトノタマヘリ　Eニ
-3故㊨ABCニトノタマヘリ　Eニト
-1乘(上)A「或本作義字」と上欄註記　BC義　D義(「義ィ」と右傍註記)
-1乘(下)BC義　D義(「義ィ」と右傍註記)
-1言㊨ABCノタマヘリ　Eク

148

1生㊨ABCシムルヲ　Eセシムルヲ
2應知㊨ABCシトノタマヘリ　Eシル
-5應知㊨ABCシトノタマヘリ　Eシ
-4障(下)㊨ABCク　Eフルカ(サヘ右記)
-4黒C悪と上欄註記(論註加点本悪)

-3障㊨ABCルカ　Eフ(フルカ右記)
-1就㊨ABCシタマヘリト　Eスルナリト
-1應知㊨ABトノタマヘリ　Cシルヘシトノタマヘリ　Eシト

149

6生㊨ABCシメタマヘリト　Eシメ下ヘリ
6應知(上)㊨ABCトノタマヘリ　Eナシ
7得㊨ABCエシム　Eシム
-7就㊨ABCシタマヘリト　Eセリト
-7業(上)E意を抹消して業と右傍補記
-6故㊨ABCニトノタマヘリ　Eニト
-5生㊨ABCセシメテ　Eシテ
-4言㊨ABCノタマヘリト　Eイフコ、ロハ
-3就㊨ABCシタマヘリト　Eセルナリ
-2就㊨ABCシタマヘリト　Eスト
-1門㊨ABCナリトノタマヘリ　Eナリ
-1現㊨ABCセシム　Eス

○150

3宇ABCDE寓(論注加点本寓、六要鈔字)
5就(上)㊨ABCシタマヘリ　Eス

5就(下)㊨ABマヘリトノタマヘリ　CDシタ
マヘリトノタマヘリ　Eナシ
6釋㊨ABCスラク　Eニ(シテ右記)
6言㊨ABCナシ　Eフ(ク右記)
6生㊨ABCセシメムカ　Eト
6得㊨ABCエシム　Eウ
-7稱㊨ABCセシメ　Eシ(シム右記)
-6得㊨Aエシム　Bシム　CEウ　㊧Bウ反
-6名㊨ABCクトノタマヘリ　Eク
-4得㊨ABシム　Cウ　Eヲ　㊧Bウ反
-3修㊨ABCセシムルヲ　Eヲ
-2用㊨ABCセシム　Eス
-2名㊨ABトノタマヘリ　CDクトノタマヘリ
Eク

151
1言㊨ABCノタマヘリ　Eフ
2第D下字不明(「第」と上に貼紙)
4名㊨ABトノタマヘリ　Cクトノタマヘリ
Eクト

5鹿A一字抹消し「鹿」と上欄訂記　㊨Aカ→シ、
ヲ　Bシ、ヲ　CEナシ
-6力㊨Aリキ　BCリキ　Eヲ(ヨリ右記)
-6起㊨Aレリ→ルヲ　BCルヲ　Eルナリ(ル
ヲ右記)
-6名㊨Aクトノタマヘリ　BCクトノタマヘリ
Eナシ
-2奉㊧ABCウケタマハル　Eナシ

○真仏土巻

155
1光明无量之願壽命无量之願A朱筆　DE題号の
次にアリ
2淨土A右傍補記
4曰㊨ABCフナリ　Eフ
6設B「十二光明无量之願」と右傍註記
-6設B「十三壽命无量之願」と右傍註記
-4願B「光明无量之願成就文土」と左傍註記
-4佛(上)C「十二願成就」と右傍註記(朱筆)

○
-2无對光佛BC右傍補記
156
-1其C「三十三願成就」と右傍註記(朱筆)
1輭ABC濡　E耎
6嘆(下)㊨ABCセラレムコト　Eラレンコト
-7佛(上)C「十三願成就」と右傍註記(朱筆)
-4窮㊨ABキワメ　CEナシ　C㊨シウノ　㊧
ツクス抹消
-3佛E命
-3有㊨ABCマシマス　Eシマス
157
3經細注Cナシ　AB上欄註記　DE細注は言の
次にアリ
4養㊧ACDEナシ　Bシタテマツルト
5經㊟反E支
4養㊧Bシタテマツルト　ACDEナシ
6比㊨Aヒ→ラヒ　BCラヒ　Eヒ
7丈C尸(丈とも読める?)
-1絶殊㊧ABCタエ　スクル　Eナシ
158
1无(上)Aシ→キ→シ　Bシ　Cキ　Eク

1咸DE減
3傑㊧ABCスクル萬人ニ　Eナシ
4炎㊧Aホノヲ　カ、ヤキ(左記)　Bカ、ヤク
ホノヲ　CEナシ
4幽冥㊧ABカスカー　クラシ　CEナシ
-6聞(上)㊨Aキカシメタマフ　BCキカシメタ
マフト　Eカシメ下フ
-5譽C「スルノミニ歟」と左傍註記　㊨ABセ　C
シタマフ　Eスルノミニ　㊧ABCホム　Eナ
シ
-4有A上欄註記
159
3解脱㊧ABサトリ　サトル　CEナシ
5死A生を死と上書訂記
7若得成〜是如来三四字Bナシ
-4言㊨ACタマヘルヤト　Bノタマヘルヤト
Dタマヘルヤ　Eルヤ
○
-4迦C加
-3畏㊨Aイスルカ→ヰスルカ　Bルハ→ルコト

Cキスルヲ　Eナシ　㊧ABオソル　Cオソ
レ　Eナシ
-1名A右傍補記
160
2是略出CE略抄
3言㊨ABCハク　Eナシ
-1菩薩、涅槃経「菩提」＝見聞集
161
1二(上)A右傍補記
5不㊨Aス｜　BCス　Eナシ
5而㊨Aルニ→シテ｜　BCEシテ
7像B僧(「像歟」と下欄註記)
7用㊨Aイフ→ユフ｜　Bユ　Cユウ　Eナシ
-6言㊨ABCク　Eナシ
-2之Cナシ
-2敗壊㊨ABCハイ　ナリ　Eハイ　ヱナリ
㊧ABヤフレ　ヤフル　CEナシ
162
3憒閙㊧Aイツワル　ワロキコトナリ、イツワ
ル　BCイツワル　ワルキコトナリ　Eナシ
6樂E大＋樂

-4説㊨ABCヘリ　Eトキ下ヘリ
-1浄(三)A涅を浄と上書訂記
163
2涅A浄を涅と上書訂記
4言㊨ABCク　E下ハク
5夫A右傍補記
7无㊨Aシ→レハ　BCレハ　Eシ
-6言(上)E曰
-6言(下)㊨Aハク　Bハク→マフサク　Cマフ
サク　Eサク
-5言㊨Aフヤ　Bフ　Cイハ(「フィ」と註記)
Eノ下フヤ
164
2言ABCマヘルヤト　Eノ下ヘルヤ
6非A「上」と上欄にアリ
-4又A「中」と上欄にアリ
-4言㊨ABCハク　Eク
-3知(上)㊨ABCシメシテ　Eシロシメシテ
-3能(中)A「下」と上欄にアリ
-3知(下)Aテ　Bシロシメシテ　Cシメシテ

Eメシテ
-2 作中能～衆生根十七字Dナシ（「作中能知是人転
中作下是故當知衆生根」と左傍に貼紙）
-1 若D「又言迦葉ヨリコノ行マテ黙スル也」と上欄
に貼紙
-1 先㊨ABCキニ　Eキハ　㊧Eキニ
165 1 堕D随　E憧
2 言㊨ABCサク　Eク
3 知㊨ACEシメサム　Dシロシメサム
3 聴㊨Aシタマフト　Bユルシタマハムト↓ユ
ルシタマハムヤト　Cヤト　Eユルシ下フト
㊧Cユルサムヤト
3 言㊨ABノタマハク　Cハク　Eク
4 弟AB上に「吾吾弟」とあるを下の吾を抹消
6 如是善因A右傍補記
-3 是D來（是と右傍に貼紙）
-3 稱㊨ADセム　Bセム↓セシム　Cセシム
E抹消　要文セシメタテマツル
○真仏土巻

-2 具足㊨AEシタマヘリ　BCシタマヘリト
-2 知㊨ABCシメシテ　Eメテ　要文シロシメ
スカ
-1 名㊨ABケタテマツル　Cケタテマツルト
E上ル
166 2 於C「中」と上にアリ
6 畏㊧Aオソレ　BCオソル　Eナシ
7 闇㊨Aアント↓アムト　Bアムト　CEト
-7 是A亦を是と上欄訂記
167 3 為Eナシ（補記の印アリ）
3 諦㊧ABCアキラカナリ　Eナシ
6 亦㊦A名を亦と上書訂記
-6 諦出略C出抄
-5 又言迦～涅槃乃至二六字A上欄に貼紙
-5 言㊨Aハク　BCハク　Eク
-3 言㊨ABCク　E下ハク
-1 我㊨Aワレ↓ワカ　BCワカ　DEカ
168 2 離㊨Aレタマヘリ↓レタマヘレハ　BCレタ

マヘレハ　Eレ下ヘハ

3聞A右傍補記

4説㊨ABCタマヘリト　Eキ下ヘリト

6説A上欄補記

6少分見〜相勝過(一七〇4)A別筆

-7當㊨Aシ→クトモ　BCクトモ　Eヘクトモ

○ -6常CD我十常　D我を補記　Eナシ

169 2菓C菓(「菓ィ」と右傍註記)　E果

7言㊨ABCハク　Eク

-2見㊨ABCミタテマツラムニ　E上ラン

-1觀㊨ABCEミソナハス　要文スルニ

170 3生㊨ABCト　Eセムト

5言㊨ABノタマヘリ　Cマヘリ　E下ヘルカ

6煩A右傍補記

-7云C言㊨ACナシ　Bク　Eノ下ヘリ

-7生㊨ABCストノタマヘリ　Eト

-6此㊨Aハ→コレ　Bコレ　C抹消　Eレ

-5波C婆

-4所㊨ABCミモトニ　Eトニ

-3超㊨ABCシタマヘリ　Eキシ下ヘリ

171 2諸Cナシ

3就㊨ABCシタマヘルヲ　E下ヘルヲ

● 6法縁A右傍補記　B有縁(右傍補記)　C法縁

「或本ニアルィ本ナルヘシ」と右傍補記

-6云㊨ABCナシ　Eク

-4而㊨ABCルヲ　Eトモ　㊧Eシカレトモ

-3鴆A鳩と上欄註記

○ -3蚌ABCE蜯

-1使㊨ABCメタマフ　Eシテ　㊧Eシメ下フ

172 7云㊨ACナシ　BEク

-7現㊨ABEシタマヘルカ　Cシメシタマヘル

カ

-4遇㊨ABCマウアフテ　Eクテ

-3令㊨ACDルカ　Bセシムルカ　Eシムルカ

173 1設㊨ABCマウク　Eケテ

1不差故曰成就抄出A袋綴を切り開いて紙背に補記

1曰成就A左傍に註記アリ「曇鸞和尚造」(朱筆)か
2讃阿彌～壽傍經二五字Aナシ
2曰㊨ABCク　Eナシ
2(注)奉A「鸞和尚造也」と上欄註記
2(注)贊㊨ABホメタテマツリテ　Cリテ　Eナ
シ
3无㊨Aシ→ケム　Bケム　CEナケム
6首㊨ABCマツル　Eシ上ル
6雲㊨Aノコトクニシテ　BCノコトクニシテ
E抹消か
6导(上)㊨Aニシテ→ナルコト　BCEナルコ
ト
7禮㊨ABCマツル　Eシ上ル
7遇E過○挿入符号アリ
-7首㊨ABCマツル　Eシ上ル
-6禮㊨ABCマツル　Eシ上ル
-6絶㊨ABCシタマヘリ　Eセリ
-5一Cナシ

○
-5照B右下に燿と補記
-5得㊨ABCエシム　Eシム
-5禮㊨ABシタテマツル　CEマツル
-4得㊨ABCエシム　Eシム
-4禮㊨ABマツル　Cタテマツル　DEシタテ
マツル
-3首㊨ABCマツル　Eシ上ル
-2聞E闍(聞と右傍補記)
-1禮㊨ABCマツル　Dタテマツル　Eシ上ル
-1惻DE測

174

1首㊨ABCマツル　Eシ上ル
2禮㊨ACマツル　Bシタテマツルト　Dシタ
テマツル　Eシ上ル
3誕㊨Aタンス→タムス　BCEタムス　㊧A
Bウム　CEナシ
4頽細注一〇字A上欄註記　BCナシ　DE細注
「徒回反崩也波也落也纏也」
4綱E崗　㊧ABツナ　CEナシ

4閉㊨Aヘイシテ　BCヘイシテ　Eヘイシ
4轍細注一一字A上欄註記　BCナシ　E細注
「直列反通也車之。跡也」（列→剎右記）
7令㊨ABCメタマフ　Eメ
7音㊨ABCヲ　Eミコヱヲ
7聞㊨ABCキカシメテ　Eカシメテ
-7无㊨ABCラシメム　Eセシメム
-6歸命㊧ABCヨル　オホセ　Eナシ
-6稽首㊧ABCイタス　カウヘ　Eナシ
-6禮㊨ABCマツル　Eシ上ル
-5故㊧ABCコトサラニ　Eナシ
-3禮㊨ABCマツルナリト　Eシ上ル
-2云㊨ABEク　Cナシ

175

1云㊨ACナシ　BEク
1所㊨ABCミモトニ　Eトニ
1行㊨ABCシタマフ　E下シ
2願(下)㊨Aシセ→セム　BCEセム
3念A聲を念と上書訂記

4與㊨Aトモニ　BCEトモニ
5手㊨ABミテヲ　Cテヲ　Eナシ
6應㊨Aス→ナル　BCEト
6作(上)㊨Aス→ナル　BCナル　E㊧ナリ
6作(下)㊨ADナル　Aス→ナル　Bナル→ナ
ス　Cス　E㊧ナル
-7无㊨ABCマシマサス　Eサス
-4曰㊨ACEナシ　Bク
-1告㊨ABCタマハク　Eイハク

176

4聖C正
4門C聞
-6化㊨Aナリトノタマヘリ　BCナリトノタマ
ヘリ　Eナリト
-6言㊨ABCサク　Eク
-4化㊨ABCナリトノタマヘリ　Eナリ
-3非㊨Aルヤト→ラサルト　Bアラサルト　C
ラサルト　Eサル
-3言(上)㊨ABCハク　E下ハク

-2 非㊨Aサルト　BCEサルト
-2 言㊨ABCハク　E下ハク
177
1 非㊨Aルヤト↓サルト　Bアラサルト　CE
サルト
4 驚怖㊨ABCキャウ　フシナム　Eキヤウ
セン　㊧ABCオトロキ　オソル　Eナシ
4 故㊨Aニ↓コトサラニ　BCコトサラニ　E
サラニ
6 妨㊨ABCハウ　Eサマタケ　㊧ABCサマ
タケ　Eナシ
6 曰㊨ABCナシ　Eク
7 曰㊨ABCナシ　Eク
-6 云㊨ACDナシ　BEク
-5
起A上に二字抹消アリ
-5 感㊨Aカンス↓カムス　BCEカムス
-2 攝㊨ABCシタマフ　Eスル
178
1 云㊨ACナシ　BEク
2 轉㊨Aセリ↓シテ　BCEシテ

3 愁歎A「或本生死也」と上欄註記　BC生死
4 云㊨ACナシ　BEク
5 念㊨ABCセシメテ　Eセ
6 云㊨ACナシ　BEク
-6 云㊨ACナシ　BEク
-5 云㊨ACナシ　BEク
-3 ㊟起㊨Aコル↓コレハ　BCコレリ　Eル
-2 ㊟照㊨Aコト↓コト　BCコト　Eスコト
-2 ㊟不㊨Aルコト↓ス　BCス　Eナシ
-2 ㊟周㊨Aアマネ↓アマネカラ　BCアマネ
カラ　Eラ
-1 ㊟光㊨Aナルカ↓リルカ　BCナルカ　Eナ
ル
-1 輭ABC濡　E懦
179
1 爾者Aキリハリ
2 言㊨ABCヘリ　Eシ下ハク
4 言㊨ABCヘリ　Eノ下ヘリ
4 未E本を抹消して未と右傍補記

-5入㊨ＡＢＣルトノタマヘリ　Ｅル
-2言(中)㊨ＡＢＣヘリ　Ｅノ下ヘリ
-2言(下)㊨ＡＢＣヘリ　Ｅノ下ヘリ
-1光Ｃ「光明中之王也」と上欄註記
-1曰㊨Ａヘリ→ヘル　Ｂヘリ　ＣＤヘル　Ｅイ
ヘル

180
1言(中)㊨ＡＢＣヘリ　Ｅノ下ヘリ
1言(下)㊨ＡＢＣヘリ　Ｅノ下ヘリ
2曰㊨ＡＢＣク　Ｅイフ
3言㊨ＡＢＣヘリ　Ｅノ下ヘリ
3曰㊨ＡＢＣヘリ　Ｅイヘリ
4云(上)㊨ＡＢＣヘリ　Ｅイヘリ
4云(下)㊨ＡＢＣヘル　Ｄヘリ　Ｅイヘリ
-2奉㊧ＡＣウケタマハリ(Ｃうすく補記)　Ｂウ
ケタマハル　Ｅナシ
-1浄土Ａ(右傍補記)

○化身土巻本

182
Ａ旧表紙中央「顯浄土方便化身土文類六本」
Ｂ左上「顯浄土方便化身土文類六」
Ｃ旧表紙一中央「顯浄土方便化身土文類第六」
Ｃ旧表紙二左「顯浄土方便化身土文類第六」
Ｃ第一紙中央「南無阿彌陀佛」
1無量寿～思往生四五字Ａ別筆　Ｂナシ　ＤＥ内
題の後にアリ
1無量壽佛觀経之意ＤＥ「下後生」の次にアリ
1意ＣＤ意＋也
2之Ｃナシ
3阿彌陀經之意也ＤＥ「思往生」の次にアリ
4之Ｃナシ

183
1浄土方便Ａ右傍補記
1六ＤＥ六本
-2設Ｂ「十九修諸功徳之願　至心發願之願　現前
導生之願」と右傍註記　Ｃ「十九願」(朱筆)と右
傍註記

184
2我C右傍補記
○-7大C右傍補記
-5三法忍〜忍三者一五字Cナシ
-1池B地
185
3言A云を言と上書訂記
4言㊨ABCサク Eク
-5牢獄㊧ABCカタシ イマシム Eナシ
186
2智Eナシ
3阿逸多㊧ABホシイマ、ニ Cミロクフチナリ Eナシ
7名㊨ABCミナヲ Eヲ
-7園ABCE薗 ㊧ABCソノ Eナシ
-7苑㊨ABCオン エン Eエン ㊧ABCソノ Eナシ
-6言諸少〜堕宮胎三六字Aナシ
-6不㊨ABCル Eル(ス右記)
-5言C云
-4末E末

-4堕㊨ABCタセムト Eス ㊧ABCオツ Eナシ
-1禪A法を禅と上欄訂記
-1云㊨ACナシ BEク
187
1慢Bナシ
2著㊨Aシテ クルヲサル(右記) BCEシテ ㊧Bツク クルハサル Cナシ
2土㊨Aニ↓ヲ BCEニ
○4言A云を言と上書訂記 DE云
○5固A上書訂記(元の字は不詳)
6也若不〜極樂國二〇字A上欄補記
-7開㊨Aス↓シタマヘリ BCEシタマヘリ
-6勵㊨ABレイシタマヘル Cレイシタマヘリ Eシ下ヘリ
-6陀㊨Aヲ↓ト BEト Cヲ ㊧Bヲ
-1意㊨Aナリ BCナリ Eナリ コ、ロ(右記)
188
2意A一字抹消し意と上欄訂記

4 言(上)A右傍補記
-6 言若佛〜等即是一 一字Dナシ(「言若佛滅後諸衆
生等即是」と右傍に貼紙)
189
2 云㊨ACナシ　BEク
4 應㊨Aオモンハカリヲ(ラ右記)　Bオモヒ反
オモンハカリヲ　Cリョヲ　Eヲ
7 體A上欄訂記
● -7 收(下)C「収《シュ》オサムル反」と上欄註記　ABE収
(底本脚注④とするは⑤の誤り)
189 -6 此A一字抹消し此と上欄訂記
-6 辭E辞㊨ABCコトハナリ　Eハナリ
-5 言㊨ABCミコト　Eミコトハ
190
2 錯㊨ABCシヤク　Eナシ　㊧ABアヤマリ
CEナシ
4 云㊨ACEナシ　Bク　Dイハク
7 云㊨ABCEナシ　Dハク
-4 毀厭㊨ABCクヰ　エンス　Eナシ　ス　㊧
ABCソシリ　イトフ　Eナシ

-2 業A右傍補記
-1 慢㊨ABCシ　Eナシ　㊧ABCアナトル
Eナシ
○ 191
3 贊B讃の上に贊と上書訂記
4 忻慕㊧Aネカイ　シタフ　BCネカヒ　シタ
フ　Eナシ
5 錯㊧ABCアヤマル　Eナシ
○ 5 異(下)C右傍補記
6 立㊨ABCテ　Eテ(ト右記)
6 者㊨ABCハ　Eナシ
-3 依㊨Aハ↓ルヲ　BCハ　Eヲハ
-3 誦E受を抹消して誦(朱筆)と右記
-1 疎AB踈　C竦　E疎
○ 192
2 他C自(左傍補記)+他
7 逢㊨Aアヒ　フ(左記)　BCEアヒ
7 逢㊟文DEナシ
-5 回D懺悔+廻　E廻
-1 繫縛㊨ABCセラレテ　Eセラ　㊧ABツナ

キ　シハル　CEナシ
193
1願㊧Eス|　ABCナシ
1生㊨ABCムト　E(マル抹消)ト　㊧Bムト
|Eセント　ACナシ
7者㊨Aヲハ↓オハ　Bオハ　CEスオハ
-6出㊨Aルヲ↓ルオ　Bルヲ　Cルオ　Eスヲ
-1攝㊨ABCスト　Eコトヲ(右記)
194
4間㊧AEナシ　Cヘタツ(補記)　Bヘタツ
5門門不同四字C上欄に貼紙
6將㊨Aヰテマス↓ヰテマシマス　BCヰテマ
シマス　Eヰテマシマスコトヲ
-5論註曰有二種功A上欄註記
-4偽㊧ABCヘツラウ　Eナシ
-2云㊨ABCク　Eナシ
-2言「安楽集」云
-1法㊨Aニシテ↓ナリ　BCナリ　Eナシ
-1世㊨Aナリ↓ニハ　BCニハ　Eナリ
195
4彰C鄣

196
-6出㊨Aタリ↓セリ　BCEセリ
-2雙㊧ABナラフ　CEナシ
3言㊨ABCヘリ　Eフ
4言㊨ABCル　Dヘル　Eフ
7宜㊧ABヨロシ　CEナシ
7慮㊧ABオモンハカリ　CEナシ
-5懸㊨ABCクヱン　Eハルカニ　㊧ABハル
カニ
-4術㊨Aシュツ↓シュチ　BCシュチ　Eナシ
197
2云㊨ABCヘリ　Eフ
3五(下)B「四歟」と右傍註記
5是D「専修者唯稱念佛名離自力之心」＋是
6斯(下)Cナシ(「斯ィ」と上欄註記)
7顯㊨Aレ↓シ|　BCEシ
-7五D五＋種
-3曰㊨Aフ↓ヘリ　BCヘリ　Eフ
-2此|A上欄補記
198
1名(上)A稱を抹消し名と上欄訂記　B稱と左傍

註記　C稱　DE名
6導B道　E道の下に小さく寸と補記
-7心㊦㊨Aナリ　BCアリ　Eナリ
-4忻慕㊧ABCネカイ　シタフ　Eナシ
● 199
1植B殖と上欄註記　㊨ABCEシキ　㊧ACウヽル　Bウルヘ
3是A也を是と上書訂記
3也B「二十」と右傍註記し、さらに「願也」と左傍註記
3也細注ABC上欄註記
5嫌貶㊧ABキラフ　オトシム　Cキラフ　オトル　Eナシ
6根A右傍補記
7云㊤㊨ABCヘリ　Eフ
-7是A即を是と上書訂記
○
-6彰㊦B右傍補記
-6欲㊨ABCオホス　Eス
-5无导A「難思」を「无导」と上書訂記

-4直A上書訂記
-4使㊨ABCムルコトヲ　Eコトヲ
-3言㊤㊨ABCヘリ　E下フ
-3言㊥㊨ABCヘリ　E下フ
200
6當㊧ACヘシト　Bヘシト↓ヘキ　Dヘキ　Eシ
-7迷㊨Aニ↓スミヤカニ　BCスミヤカニ　Eニ
201
2誓細注ABC上欄註記　DE二十願也　B㊟也ナシ
2㊟也Bナシ
2引㊨ABCシタマヘリ　Eシ下フ
5大D本(大と上欄註記)
5言㊨ABCハク　Eク
●
5設B「二十」と右傍註記　C「二十願」と上欄註記
5植B殖と上欄註記
7言㊨ABCハク　Eナシ
-5言㊨ABCハク　Eク

-5 若C「二十願」と右傍註記

-2 憍慢㊧ABCオコル　アナトル　Eナシ

-2 懈怠㊧ABオコタ　オコタル　Cオコタリ
オコタル　Eナシ

-1 聴聞㊧Aユリテキク　信シテキク　Bユリテ
キク　CEナシ

-1 在㊨Aトモ　BCマシマセトモ　Eナシ

-1 致C「疑イ」と右傍註記　㊨ABCル　Eル（ス
右記）

202

1 精進㊧ABモンハラコノム　Cモハラス、ム
Eナシ

1 求㊨Cコト「メヨイ」と左傍註記　ABヨト　E
メヨ

2 持是語E右傍補記（朱筆）

4 不可以～生彼國一四字A右傍補記

4 聞㊨Eテ（カハ右記）　ABCナシ

5 持㊨Eト　㊧Eスヘシ　ABCナシ

6 云㊨ABCク　Eナシ

---

6 全㊨Aマタク　セン（右傍補記）　Bマタク
セン（右傍補記）　Cマタク　Eク　㊧Cセン
反

-7 一日七～三昧竟Aナシ

-4 又云A上欄補記（キリハリ）　前文より続く注線
あるも前文はナシ

-4 證A右傍補記

-3 指㊨Aシテ↓ヘテ　BCシ　Eナシ

203

1 凡夫一～悪衆生Aナシ

2 有㊨ABCマシマシテ　Eシテ

3 讃㊨ABホメタマハク　CEメタマハク

3 指㊨AEナシ　BCシ　㊧AEナシ　Bオシ
へ　Cオシフ

4 贊㊨ABEシテ　Cサンシテ　㊧AEナシ
BCホムル

○ 7 節B等を節に改む

○ -6 人立信也要抄A以下本紙切り取られ「又云然望」
へと続く（キリハリ）

-5云㊨ACDEナシ Bク
-5稱㊨ABCセシム Eシムルコトヲ
-5疾㊨Aキコトハ Bトキ↓コトハ Cコト
Eトキコト
-1稱㊨Aセルニ↓スルニ Bスルニ Cセシム
Eシムルニ
-1名㊨AEヲ BCミナヲ

204
1云㊨ACDEナシ Bク
1恐㊧Aオソラ Bオソラシ CEナシ
1使㊨ABメタマヘリト Cメシタマヘリト
Eシメ下ヘリ
2念㊨ABEセシメテ Cメテ
3云㊨ACEナシ Bク
3専専㊨ABCニシテ ナレト Eナシ ニシ
テ ㊧Eモハラニシテ モハラナレト
3歸㊨ABCEセシメシニ Dセシニ
○4由A法に由と上書訂記
6云㊨ACEナシ Bク

-7云㊨ACEナシ Bク
-7設㊨ABCマウケタマフト Eケ下フコト
○-7蒙益各~入眞門三九字A袋綴を切り開き、約六
行半を切り取ったその前文の表面に続く
-4云細注AB上欄註記 CDEナシ ㊨ACEナ
シ Bク
-4修B「雑歟」と右傍註記 C「雑ィ本」と右傍註記
D「雑ィ」と下欄註記 E雑
-2云㊨ABEク Cイハク
○-2云DE下に「智昇法師禮懺儀之云光明寺禮贊也」
と割注(二行前の云の細注と混乱か)

205
1无A右傍補記
2名A上に名とあるを抹消
6云㊨ABCク Eナシ
6執受㊧ABトリ ウク CEナシ
-7言㊨ABCハク Eク
-6遇B過
-6斯D此(斯と上欄註記) E此

-1 説(下)㊨ABCトカク　Eク
206 1 盡㊨Aシヌト　BCシヌト　Eシヌ
-5 養C益
-2 見Cルテ右傍補記
○ 207 7 樂CDE常＋樂　B「在本ニハアリ樂字」と上欄
註記　C下に常を補記する旨頭注
○ 6 因C善
-6 説C脱（説とも読める？）
-4 讀誦㊨Aコ、ロエヨムナリ　ウカヘヨムナリ
Bコ、ロエヨムナリ　ウカヘヨムナリ　C
コ、ロエ反　ウカヘヨムナリ　Eナシ
-4 説㊨ABEセム　Cセケム（右記）
208 1 知(上)㊨Aリ→リテ　BCEリテ
1 知(下)㊨Aテ→シル　Bレル　Cシル　Eル
㊧Cテ
3 之(下)Cナシ
4 差㊧ABCイユル　Eナシ
5 者(下)A右傍補記

○化身土巻本

6 縁C因＋縁
-6 言㊨ABCク　Eナシ
-6 念㊨Aフニ→スルニ　BCEスルニ　Dルニ
-5 提A薩を提と上書訂記
-5 轉A輪を轉と上書訂記
○ -4 慈C上欄補記
-2 云㊨ACEナシ　Bク
-2 疑(上)㊨ABCコトヲ　Eコトヲ（ト右記）
-2 疑(下)㊨ABCフ　Eフ（トナリ右記）
209 3 云㊨ABCク　Eナシ
4 信Aスルコト→セシムルコト　Bスル→ムル
コト　Cセシムルコト　Dスルコト　Eムル
コト
4 弘細注ABC上欄註記　DE弘字ナシ
5 云㊨ABEナシ　Bク
6 悲喜㊧ABカナシミ　ヨロコフ　CEナシ
-7 云㊨ABEナシ　Bク
-5 輕慢㊧ABカロメ　アナトル　CEナシ

○ -3 障(上)B彰
-2 傷嗟㊨ABナケキ　ナケク　CEナシ
-1 大Cナシ
210
1 歎DE嘆
4 之A右傍補記
4 發㊨Aセリ↓シキ　BCシキ　Eナシ
5 今特A二字抹消し「今特」と上書訂記
5 今D「已ニ」と右傍註記
5 特A右訓消した跡に「マコトニ」　㊨Aマコトニ
Bマサニ　Cマコトニ↓コトニ(マに○アリ)
Eコトニ　㊧ABヒトリ　CEナシ
5 欲㊨Aス↓オモフ　BEス　Cオモフ
7 至A右傍補記　B「イ本アリ」と左傍註記　Cナ
シ
7 簡㊨Aヒロフテ↓カン　Bカン　CDEナシ
-5 齊B齋
-5 引㊨ABシタマフ　Cシタマフオヤ　Eシ下
フ

-4 師釋A下欄補記
211
2 法(上)㊨Aト↓ニ　BCニ　Eナシ
3 已E下欄補記
4 視D親(視と左傍註記)
-5 偽㊧ABイツワル　CEナシ
-4 勘決㊧ABカムカフ　サタム　CEナシ
-3 云㊨ABCク　Eナシ
212
1 興㊧ABオコル　CEナシ
2 有㊨Aラム↓ラ　BCEラ
4 云㊨ABCク　Eナシ
4 度A右傍補記
6 學㊧ABマナフ　CEナシ
6 堅固㊧ABカタク　カタシ　CEナシ
-7 百A右傍補記
-7 固(下)A「安楽集」には続いて長文アリ、乃至セ
ズ
-6 去㊨ABCタマヒテ　Eテ
-5 者A「安楽集」には若の字あれどAにはナシ

213
-4念㊨Aヲ↓ニ　BCEニ
-3云㊨ACDEナシ　Bク
1云(上)㊨ACEナシ　Bク
1云(下)A化身土末(一九四-2)に同文引くが
「言」とあり
6年細注一三字AB上欄註記　Cナシ
6(注)元仁者　DEナシ
6(注)諱A湮滅
6(注)茂仁A湮滅
6甲A申を甲と上書訂記
-6範衛㊨ABハン　シテ　Cハンエイシテ　E
ナシ　エイシ　㊧ABノリ　サカウ(左記)マ
モル　エイ(左記)　Cナシ　ヱ　Eナシ
-4宇㊨Aウ反↓イヱノ反　BCEイヱノ　㊧B
ウ反　イヱ　Cナシ
○
-3末C末
-3寧㊧ABヤスシ　CEナシ
-3讃E替

-2同㊨Aナシカラ　Bナシカラ　CDEカラ
-1濟B濟
-1持A戒を持と上書訂記
-1事E行(「事ィ」と右傍註記)(「灯明記」には行と
アリ)
214
4順㊨Aシ□↓シタカハ　Bカハ　Cシタカハ
Eハ
5有㊨ABCシテ　Dマシマシテ　Eテ
5問DE問+曰
6術㊨Aシュツ↓シュチ　BCシュチ　Eナシ
-6僅㊧Aマレニ　キン反　Bマレニ　キ反　C
Eナシ
215
3分D「箇ィ」と左傍註記　E箇
4次A此を次と上書訂記
○
5末C未
-7説E記
-7第D「周ィ」と右傍註記
-7滅㊨ABEシタマフト　Cシタマフ

-4 時E特

-4 是B是+像法

○

-3 末C未

　-3 有㊨Aテ→リ　BCリ　Eナシ

-2 戒(上)AC我　B我(抹消)(「戒ヵ」と右傍註記)

　A我ヵ｜

　-2 由㊨Aテカ　Bテカ→カ　Cカ　Eテカ

-2 破戒C戒破

　-1 云㊨ABCク　Eナシ

216

3 末E未

4 寶C實「寶ィ」と上欄註記　E實(宝｜と左傍註記)

○

4 末C未

5 市B帀

6 寶C實(「寶」と上欄註記)　E實(宝｜と左傍註記)

-7 錫鉛E鑞鉛錫

-7 錫D「錫ィ」と左傍註記　E鑞(錫と左傍註記)

-7 鉛ABCD鈆

-7 價E価+寶

-7 無㊨ABCマシマサスハ　Eマシマサス

-3 供㊧ABアタフ　CEナシ

-2 怖㊨ABCフ　Eナシ　㊧ABオソレ　CE

ナシ

-2 有E若+有(「灯明記」若アリ)

217

3 大集経E大集+等。+経

4 災㊨ABCサイ　Eナシ　㊧ABCワサワイ

Eナシ

6 且A上書訂記

6 法E法+世(「灯明記」世アリ)

6 非E非+於

-7 有A有テ｜　BCEテ

○

-7 末C未

-6 價E價+寶

-5 云㊨ABCク　Eナシ

-4 有㊨Aリ→テ｜　BCEテ

-3 苦C失

-1 毀㊧ABソシル　Cソシル｜(右記)　Eナシ

218
1護㊧Aマモル　BCEナシ
2明被A被明を明被と訂記　㊧ABCル、コトヲ
E㊨ル、コトヲ
2聴㊧ABユルス　CEナシ
3滅C滅（滅と上欄註記）
4云㊨ABCク　Eナシ
4言㊨ABCサク　Eナシ
-7服㊨Aルカ↓セムカ　Bセムカ　Cカ　Dルカ
Eンカ
-5錫D「鏝《フク》」と右傍註記　E金
-5種E殖
-5販AB敗（販とも読める?）　CD敗
-4聴㊨Aユルサムト↓ユルスト　Bルサムト
Cユルサムト　Eス　㊧Bユルス
-4畜E之＋畜
-2流㊧ABCトモカラ　E㊨トモカラ
-2其E且《シハラク》
○
-1滅C滅

-1多㊨Aナル↓ナラム　BCEナラン
-1言㊨ABハク　CEク
219
5才E才＋猶
5此E此＋牛
5死㊨Aト↓スルモノト　BEスルモノト　C
ルモノト
5香E香＋死
○
5後ABC復
6喩㊨Aフ↓フルナリト　BCEフルナリト
Dフ
6僅㊧ABワツカニ　CEナシ
-6知㊨ABCシメシテ　Eナシ
-6爲㊨ACシタマヘリト　BEシタマヘリ
○
-5末C未
-5壇DE檀
-3俠E挾㊨Aワキハサマ　BCハキハサマ　Eハ
サマ
220
2彼E従　㊨Eヨリ

2己㊨Aニ↓オノレカ　Bオノレカ　CEレカ
3縁E縁＋此賢劫一切皆得涅槃（「大悲経」）
3中E中＋一切皆得般涅槃
3當㊧Aシト　BCシト　Eヘシト
3出㊨ABCシタマハムニ　Eセンニ
3爲㊨Aナラム↓ナル　Bナル（上欄註記）　C
Eナル
4子E四（子と右傍補記）
6所ABCミモトニシテ　Eトニシテ
-7名㊨ABCミナヲ　Eヲ
-7惻㊨Aハカル↓ハカリ　Bハカル　Cシキ
Eキヲ　㊧Aシキ　Bシキ反　CEナシ
-6尊DE導
-3且㊨ABCシハラク　Eナシ　㊧ABCカツ
カツ　Eナシ
-2云A下欄補記
-1㊟抄BC以下分冊とせず　DE以下「顯淨土方
便化身土文類六本愚禿親鸞」と尾題撰号アリ

○化身土巻末

221 1顯淨土方便化身土文類六愚禿釋親鸞集BCナシ
DE六＋末　D右下「釋性乘」
1夫C「末始」と上欄註記
3言㊨ABハク　CEク
4言㊨ABハク　Cク　E下ハク
5事㊨ABツカフルコト　Cツカフコト　Eフ
ルコトヲ
5祠㊨ABCコトヲ　Eフルコトヲ　㊧Bマツ
ル反
-6言㊨ABEハク　Cナシ
-6祠㊨ABCシスルコトヲ　Eシスルコト
-5言㊨ABハク　CDEク
-4言㊨ADEハク　Bハク↓イハマク　Cイハ
マク
-4儅E儻
-4濟CE濟
-3諸A右傍補記

-2 樂㊨ＡＢヲ　ＣＥスルヲ　Ｃスル（小さく補記）

-2 模Ｅ摸

222

1 言㊨ＡＢＣイハマク　ＤＥハク

2 曠Ｃ暄　Ｅ曦

3 涼ＣＤ凍

3 有Ａ月を有と上書訂記

○ 3 一月Ｂ左傍補記

4 有八所〜盈満已上（二三九4）巻子本転用部分

4 熒惑㊧ＡＢケイコク　Ｃナシ　㊨Ｅケイコク

5 星（上）Ｅ右傍補記

5 至㊨ＡＢＣマテノ　Ｅルイテ

-7 諸Ｃナシ

-5 能Ａ右傍補記

-5 第Ｃ等（「第イ本」と上欄註記）

-3 如㊨Ａキノ｜　Ｂキノ　Ｃキ　Ｅノ

-2 無㊨Ａシ→ケム｜　ＢＣＥケム

○ -1 穏Ａ隠を穏と上書訂記　Ｃ隠

○化身土巻末

-1 樂㊨Ａセム→ナラム｜　ＢＣＥナラム

223

5 多（下）㊨Ａク→ホシ　Ｂホシ　Ｃク　Ｅシ

○ 維Ｃ羅

-6 伽Ｃ仙と上欄註記　Ｅ「仙イ」と右傍補記

○ -4 味Ｂ味

-3 日Ａ右傍に「大乘大方等」とあるを抹消

-3 念Ａ上に一字抹消アリ

-3 言㊨ＡＢＣク　Ｅハク

-2 魔Ｅ摩

-1 言㊨ＡＣＤハマク　Ｂハマハク　Ｅハク

-1 名㊨ＡＥヲ　ＢＣミナヲ

○ 224

2 如來Ａ上書訂記（元は不詳）

3 言㊨ＡＣマハク　Ｂイハマク　ＤＥク

6 王㊨Ａノ→ワウ　Ｂワウ　ＣＥナシ

7 發㊨ＡＢサシムルヲ　ＣＥセシムルヲ

7 益㊨Ａマスト｜　ＢＣマスト　Ｅマス

-7 忿㊨Ａヌ→フン｜　ＢＣＥフン

-7 言㊨ＡＤマク　Ｂイハマク　Ｃハマク　Ｅハ

ク
-4有㊨Aテ→アリテ　Bアムテ　CEテ
-1已㊨ABオハラハ　Cラハ（「ナハイ」と左傍註記）　Eラハ

225
3齋C齊
3臭ABCDE臰
5夜A右傍補記
5見(上)㊨ACミタマツル　Bミタテマツル　Dタテマツル　Eミ上ル
5見(下)㊨ABCテマツリ　Dタテマツリ　Eリ
6見(上)㊨ABCマツル　Dタテマツル　Eツル
6見(下)㊨ABCラムト　Eラン
7日A上に「大乗大方等」とあるを抹消
7護A上に一字抹消アリ
7言A云を言と上書訂記
-7至㊨Aシテ→シセシム　Bシム　Cシテシム

Dセシム　Eシセン
-5依㊨Aシタマヘルニ　Bシタテマツル　CEシタテマツルニ
-4重㊨Aシタマヘル　BCシタテマツル　Eシ上ル

○
-4導A道を導と改め、更に導と脚注　B道を導と下欄訂記
-2言㊨ABCマフサク　Eク
-1言㊨ABCノタマハク　Eク
-1如㊨Aキ→シ　BCシ　Eノ

226
1却㊨ABシリソキテ　Cサリテ　Eシリソイテ　㊧AEナシ　Bサリテ　C「シリソイテイ」と左傍註記
1仰㊨ABCシタテマツルニ　Dシタマヘルニ　Eシ上ル
2足已上抄出A「已上」を「已上抄出」と上書訂記
3言A云を言と上書訂記　㊨ABCナシ　Eク
4離㊨Aノ→スル　BCEスル

4柔A煥と右傍にアリ
5善A煥と右傍にアリ　B「煥歟」と右傍註記
5賢E賢(賢と右傍補記)
7譽㊨ADセシム　BCEヨセシム
−6得㊨ABエシム　CEシム
○　−3道略抄A「已上」を「略抄」に改む
−2言A云を言と上書訂記　㊨Aナシ　BCク
Eハク

3説㊨ABキタマフ　Cタマフ　Eク
4彼㊨Aカ→カル→カレ　BCカレ　Eレ
5神略出C略抄
6巻A月を巻と上書訂記
6言A云を言と上書訂記　㊨ACナシ　BEク
7言㊨Aマハマク　BCハマク　Dク　Eハク
−6育㊨Aセム→セシム　BCEセシム
−6北鬱單越A「北州也」と左傍註記　B「コノ「キ
タ反歟」北州ナリ」と左傍註記
−5肯㊨Aセム→セシム　BCEセシム

○化身土巻末

−4育㊨Aセム→セシム　Bセシム　Cセシメム
(メ抹消)　Eシム
−3育㊨Aセム→セシム　BCEセシム
−2育㊨ABCセシム　Eム
−2頼A右傍補記
−1育㊨ABCセシム　Eム
−1勒D下に挿入符号アリ「叉ィ」と右傍補記　E勒
叉

1育㊨ABCセシム　Eム
2育㊨ABCセシム　Eム
○　2三C左傍補記
3單A越を單と上書訂記
5辰㊨Aナリ→シムナリ　BCシムナリ　Eナ
リ
7婆C波
−7女D「子ィ」と右傍註記
−7育㊨ABEセシム　Cイクス　㊧Bイクス
○　−7昴C昇ハウ

-1 亢㊨Aカラ↓カウ　BCEカウ

229
1 線A線と右傍訂記　C綍(「線䵷」と上欄註記)
DE「星黒反須陵反」と割注アリ
2 線C線
2 二E三を抹消して二と右記
3 太E大
4 育㊨ABCセシム　Eム
5 女D「子ィ」と右傍註記
5 育㊨ABCセシム　Eム
-7 境A右傍補記
-7 檀A壇を檀と上書訂記　B壇　C垣
-7 兗㊨Aタ↓ト　BCEト
-7 婆A上欄に摩とあるを抹消
-4 人C次の字勇に「人ィ」と右傍註記(底本⑥乙に無しとあるのは誤り)
-2 國A右傍補記
-1 育ABCセシム　Eシム

230
1 育㊨ABCセシム　Eシム
2 育㊨ABCセシム　Eシム
4 育(上)㊨ABセシム　Cセシムカ　Eム
4 育(下)㊨ABセシカ　Cセシムカ(ム右記)
Dシム　Eムカ
5 置㊨Aセシム　BCチセシム　Eシム
5 村㊨ABEシュ　CDシュン　㊧Eソン
-7 住D住(「住シテ」と下欄註記)　E住
-7 他B化
-5 言㊨ABCノタマハク　Eハク
-4 言㊨ABCノタマハク　Eハク
-3 育㊨ABセムト　CEセム
-1 育㊨ABCセシム　Eナシ
-1 持㊨ABCセシム　Eシム　Aセム↓セシム

231
1 天A右傍補記
2 彼㊨Aコニ↓カシコニ　BCカシコニ　Eニ
2 作㊨ABCサシム　Eシム
3 令㊨ABEシメタマヘリ　Cセシメタマヘリ
3 愍㊨Aスルカ↓セムカ　Cミンセンカ　BE

セムカ
4言㊨ABCノタマハク　Eハク
4士BCDE土
5興㊨Aシタマフ↓シタマヒキ｜　BCシタマヒ
キ　Eシ下ヒテ
6生C生＋輪（右記）
7大Eナシ
7主｜A王を主と上書訂記（朱筆）
○
-7憐C憐＋愍（上欄註記）　B下に挿入符号アリ
「愍イ本アリ」と右傍註記
-7他AB陀　C陀（「イ無」と左傍註記）
-6地㊨Aノ｜　BCEノ
-6生㊨Aノ｜　BCEノ
-6法㊨Aノ｜　BCEノ
-6住㊨ABCセシメ　Dセシム　Eシ
-4盡（上）A盡と右傍訂記　以下盡七例書き改め
-1令A玲（別字）
○
-1向㊨ABCセ　Eセンカ
○化身土巻末

232
1囑㊨ABCシタマフ　Eナシ
2興㊨ABCシタマフ　Eシ下ハム
3囑㊨ABCシタマヘリ　Eシ下フ
5息㊨ABCセシメ　Eシメ
6付（下）㊨ABCタマヘリ　Eツケ下ヘリ
7士BDE土　C土と下欄註記
-6鹹㊧ABシハイシ　CEナシ
-4菩提E善根（「菩提」と右傍訂記）
-4提謂A「経名也」と右傍註記　㊧ABヒトナリ
（A補記）　CEナシ
-4利㊨Aニ↓ノ　BCEニ
-2以A右傍補記

233
3於（下）㊨Aテ｜　BCEテ
7等㊨Aニ｜　BCEニ
7将㊧Aセム↓シテ｜　BCシテ　Eニシテ
7屬㊨Aトセ↓ト｜　BCEト
-4言㊨ABCノタマハク　Eナシ
-3言㊨ABCマフサッ　Eサク

-2稱㊨ABセシム　CEシム

234

2前㊨ABCミマヘニ　Eヘニ

2恕㊨ABCショシタマヘ　Eシ下ヘ　㊧Bシ
ヨ

○ 4道C導と書いて寸を削り消す

4令㊨ABCメムカ　Eシメンカ

5佛㊨Aモトニシテ　BEノミモトニ　Cミモ
トニ

5愛㊨Aウケタマリテ　BDEウケタマワリテ
Cタマハリテ

5所㊨ABEモトニシテ　CDミモトニシテ

6受㊨ABウケタマハリシコト　Cタマハリシ
コト　Eケ下ハルコト

7久㊨Aク|　BCク　Eシク

7所㊨ABCミモトニ　Eトニ

-6住㊨Aシテ|　BCEシテ

-6長故㊨Aセシムルカユヘニ|　Bセシムルカ□
□ニ　Cセシムルカユヘニ　Eセシムルカ

□ニ

-5令㊨ABCメムカ　Eシメムカ

-5住㊨Aセムコトヲ|　Bセムコトヲ　CEセシ
ムルコトヲ

-4言㊨ABCノタマハク　Eハク

-3言㊨ABCノタマハク　Eク

○ -3今BC令

235

3度㊨Aセム|ト　BCセムト　Eセント

4所㊨Aノ|　BCEノ

4有㊨Aユル↓ラム|　BCラム　Eラン

5往㊨Aセム|　BCセム　Eセン

5法㊥㊨Aノ↓ニ|　BCEニ

○ 6説C脱(説と上欄註記)

7固E因

-2滿㊨Aム|　BCム　Eミテム

236

1等㊨Aラカ↓ラ|　BCEラ

1獷E横

2言㊨ABハク　Cノタマハク　Eク

5欲㊨Aオホシテ↓オホシメシ　BCオホシメ
シ　DEオホシ
5明㊨ABCカナラムト　Eサント
6而㊨Aシテ↓テ　BCEテ
6言㊨ABCノタマハク　Eク
7言㊨ABCハク　Eク
7留DE留＋孫
-6寶㊨Aノ　BCノ　Eナシ
-6令㊨Aヘシム↓シム　BCEシム
-4囑㊨ABEシタマフ　Cクシタマフ
-3間E門を間に改む

237

1來㊨Aテム↓メム　Bキタラシメム　CEラ
シメム
2昔A右傍補記
2持㊨Aスル↓セシ　BCセシ　Eスル
2者㊨Aノ↓ノト　BCEノト
3言㊨ABCハマク　Eハク
3導B道に小さく寸を補記

○化身土巻末

3悪A一字抹消し悪と右傍訂記
4障㊨Aシ↓シテ　BCEシテ
4持㊨ABセシムト　Cセシメムト　Eセシム
5月藏経A右傍補記　A㊨サウ　㊧キャウ(補記)
5言A云を言と上書訂記　㊨ACナシ　Bク　E
ハク
6向㊨ABCムカヒタテマツリテ　Dムカエタ
テマツリテ　Eヒトリテ
7然A燃を然と上書訂記　BC燃
7住㊨ABCセシム　DEセシメ　Aス↓セシム
-7精気㊧ABタマシイ　CEナシ
-7長㊨Aセシメム↓セシム　Bセシメムト　C
DEセシム
-7世尊Eナシ
-6須㊧Aモチヰル　BCEナシ
-5天C「下ィ」と下欄註記
-4燃E然
-4長㊨ABEセシメタマヒキ　Cセシメタマフ

㊧Bメタマフ

238

1會㊧ABアツマリアウ　CEナシ
3長㊨ABセシメムト　CDセシメム　Eシメント
3令㊨Aシムト　Bセシメムト　CDシメムト　Eシメン
3諍乃至略出A乃上書訂記　C乃至略抄
4云A（言とあるべきか）
4言㊨ABCノタマハク　Eハク
5恚㊧ABオトロフ　CEナシ
6樓(上)A右傍補記
6等A右傍補記
-7然A燃を然と上欄訂記
-5法已上略抄A下欄に又とあるを抹消
-4月A上に「大方等大集」とあるを抹消
-4辱D辰
-4第Cナシ（「第ィ」と右傍註記）
-4言(上)A云を言と上書訂記　㊨ACナシ　BクEハク
○-4如(下)C右傍補記
-3愛㊨ABCナシ　Eスルコト
-1罵辱㊨Aナシ　シ　BCEメ　ニクシ　㊧AEナシ　BCノリ　ハチシム

239

1毀呰㊧ABCソシリ　ソシル　Eナシ
1杖㊨Eヲ|　Aナシ　Bチヤウ
1截㊧ABCキル　Eナシ
1奪C奞（二例とも）
2人A右傍補記
4盈満已上ここで巻子本転用部分の最後尾
5又言A上欄補記　A云を言と上書訂記　BナシC云　D「又月藏分云ィ」と右傍註記
5言㊨ACナシ　BEク
7片㊨ABCカタニ　C「カタニィ」と左傍註記
7作㊨Aス↓サム　BCサム　Eナサン
-6醜陋㊧ABミニクシ　ミニクシ　Cミニクルシ　ミニクルシ　Eナシ

-6不復A上書訂記(元は不詳)
-5戯笑㊧ABタワフレ　ワラフ　CEナシ
-5擯㊨Aツイ↓ヒン　BCEヒン
-4又言離〜因縁抄出二〇字Aナシ「〇」印アリ
-3言㊨ABCク　Eハク

○

-2末C未
-1衆生A右傍補記
-1落㊧ABオトス　Cナシ　E㊨オトス
-1抗㊧ABアナニ　Cナシ　E㊨アナニ

240

2言㊨ABCク　Eハク
2相㊧ABオモヒ　CEナシ
4言㊨ACナシ　BEク
4正㊨Aニ↓シク　BCEシク
4離㊨Aシテ↓セムモノハ　BCセムモノハ
Eセンモノ
5道B道＋已上
6言㊨ABCク　Eハク
6祭㊧ABCマツリ　E㊨マツリ

○化身土巻末

7近㊨Aカム↓ツク　BCEツク
7人㊨Aハ↓ヒト　Bヒト　Cト　Eナシ

○

7末B未
-6言㊨ABCク　Eハク
-5言㊨ABCク　Eハク
-4言㊨ABCク　Eナシ
-4信㊨Aセム↓シテ　BCEシテ
-4妖孽ABC妖孽　D妖蘖　㊧ABホロフ　ホロフ　Cホロフ反　ホロフ反　Eナシ

●

-4福㊧ABCサイワイ(底本にササワイとアリ)
Eナシ
-3覔㊨ABメ　ミヤク(右記)　Cミヤク反　Eモトメ　㊧ABCモトメ
-3殺㊧ABコロス　CEナシ
-3請乞㊧ABウケコウ　コウ　CEナシ
-1禱A右傍補記
-1之㊨Aヲ↓ノ　BCDEノ
-1中害㊧ABアタル　ソコナウ　CEナシ

-1 ㊟抄出已上BE已上抄出
-1 ㊟已上A右傍補記

241
1 言㊨Aナシ　BCEク
2 ㊟已上A右傍補記
3 經細注AB上欄註記　DE言の次にアリ　D
言＋［闍那崛多譯］　C「闍那崛多譯ィ」と右傍
註記
3 言㊨Aナシ　BCEク
4 甥細注AB上欄註記　CDEナシ
4 髻㊧ABモト、リ　CEナシ
5 舅細注AB上欄註記　CDEナシ
○ -7 同C右傍補記
-7 如㊨Aクスルヤ↓クスルオヤ　CEクスルオ
ヤ　Bクスルヲヤト
-6 報㊧ABコタウ　CEナシ
-5 祀㊨Aマツル↓マツリテ　BCEマツリテ
● -4 蛇E虵　㊨Aノ　シヤ（右傍補記）（底本左訓と
するは誤り）　BCEノ　㊧Bシャ　CEナシ

-3 曰㊨ADナシ　BCEク
-2 恐怖㊧ABオソレ　オソル　Cオソレ　ナシ
Eナシ
-2 端㊧ABタ、シ　イツクシトモ　Cイツクシ
反　Eナシ
-1 惱㊧Aナヤミヲ　Bナヤミ　CEナシ
-1 作㊨Aス↓シテ　BCEシテ

242
1 無（下）Cナシ
3 令㊨Aメ↓シム　BCEシム
4 令㊨Aセシム↓シム　BCセシム　DEシム
C「ヒ敷」と左傍註記
4 宿㊨Aシ↓ヤトル　Bヤトルコト　Cヤトル
コト（ヤトリ付記）　Eヤトル　㊧BCムカシ
5 廢D癈　㊨Aハイス　スタル（右記）　BCEハ
イス　㊧AEナシ　Bスタル　Cスタル反
5 慮㊨Eオモンハカリ　㊧ABオモンハカリ
Cオモンハカリ反
5 修㊨ABCセシメ　Eシム

6雑A右傍補記
6纏㊧ABマツウ　CEナシ
-7適㊧ABスナハチ　マサニトモ　タマタマト
モ　Cタマタマ　Eナシ
-6亦A右傍補記
-6齊㊧ABキワ　CEナシ
243
1脇㊨ケウヲ→ケフヲ　BCケフヲ　Eケウヲ
1出㊨ABCタリト　Eタリ　㊧ABEナシ
Cテタマフ
2曰㊨Aク　BCク　Eイハク
4順㊨ABCテ　Eシタカフテ
4母㊨ABCホニ　Eモ
4出㊨ABCタマフト　Dタマフ　Eナシ　㊧
ACDEナシ　Bシン反
5曰㊨Aク　BCEク
5読A右傍補記　㊨Aシン反　BCセチ　C「シ
ムイ本」と左傍補記　Eシン
7云㊨ABCナシ　Eイフ
○化身土巻末

7賢㊨ABCトスル　Eナル　㊧ABカシコシ
CEナシ
-7典拠㊧ABフミ　ヨル　CEナシ
-7撿㊧ABカフカフル　CEナシ
○-5玉ABC王
-4瑞㊧ABヨシ　CEナシ
○-2語C右傍補記
-1詔書㊧ABCセンシナリ　Eナシ
244
2日B曰(日とも読める?)　㊨ACEナシ　Bク
5職ACE職　B軄
5在D在+之
5日B曰(日とも読める?)　㊨Aナシ　Bクニ
CEニ
6昭C胎
7曰㊨ACナシ　BEク
-7飯㊨ABCホム　Eノ　㊧Aイヰ　Cクヰ
BEナシ
-4丁卯㊧ABヒノト　ウ　CEナシ

-4壬午㊧ABミツノエ　ムマ　CEナシ
-4姫D姖
○
-2昭C胎（昭と上欄註記）
-2飯㊧ABイヰ　Cクヰ　Eナシ

245

1曰㊨Aナシ　BCEク
1禮㊨ABCヲ　Eライヲ（レイ右記）㊧Cラ
イ
1耼ABC躭　E聃
1典㊧ABフミ　CEナシ
2末㊧Aスエ　Bスヘトイフ　CEナシ
3曰㊨ABCナシ　Eク
○
4晩C脱
5叫㊧Aケウ　Bケウ反　CEナシ
6曰㊨ABCナシ　Eク
7老子㊧ACEナシ　Bカセフホサチナリ
7頼㊨C「ライィ本」と左傍註記
7乎㊨C「ヲィ」と左傍註記
-7樹㊨Aシウニ（シュ右記）　BCEシウニ　㊧
Bキシュ　ACEナシ
-7在㊨ABCマシマス　Eマス
-6耼ABC躭　E聃
-5徒C従
-5少㊧ABCオサナキ　Eナシ
-4古㊧ABCイニシヘ　Eナシ
-4形㊧ABカタチ　CEナシ
-4隱㊨Aナシ　BCカクシタマフ　Eオン　㊧
ABEナシ　Cオンナリ（小さく）
-3免(上)㊧ABマヌカル　Cマヌカル反　Eナ
シ　㊨ABCEヘン
-3免(下)㊧Bマノカル　ACEナシ　㊨Aナシ
BCEヘン
-3嗟㊧ABナケク　CEナシ
-2典㊧ABフミ　CEナシ
-2免㊨Aマ□レ→マヌカレ　BCEマヌカレ

246

1勝劣㊧Bマサリ　オトル　ACEナシ
2曰㊨ABCナシ　Eク

2戒狄㊧ＡＢニシノエヒス　キタノエヒス　Ｃ
Ｅナシ
3左㊧ＡＢナシ　Ｃリナラ　㊨Ｅナラ
3云㊨ＡＢＣナシ　Ｅク
3麤ＡＢＣ麁　ＤＥ簾
3右Ｅ左と右記
4云（上中下）ＡＢＣナシ　Ｅク
7涓ＡＢＣ清　Ｄ済　Ｅ洧
7撥㊨ＡＢＣハイスルニ　Ｅハテ　㊧Ａスツ
Ｂスツトイフ　Ｃハチ　スツ　Ｅナシ
7云㊨ＡＢＣナシ　Ｅク　㊧Ｃク　Ｅナシ
7畫㊨ＡＢＣクワヲ（カクトモ右記）　Ｅクワヲ
㊧ＡＢヱ　Ｃヱ反　Ｅナシ
7剖ＤＥ割
-7驗㊨Ａニ↓アキラカニ　ＢＣＥアキラカニ
-7戈㊧ＡＢホコヲ　ＣＥナシ
-7氣ＡＢＣ炁　Ｅ無
-5超Ｅ起

○化身土巻末

-5召㊧ＡＢメス（マネクトモ左記）　Ｃメス　マ
ネク　Ｅナシ

○

-4天Ｃ右傍補記
-4然㊧ＡＢシカラシム　Ｃセン　Ｅナシ
-3曰㊨ＡＣナシ　ＢＥク
-3忠㊧ＡＢコヽロサシ　Ｃトシテ　Ｅナシ
-3聲㊧Ａコヱ　Ｂコヱトイフ　ＣＥナシ
-2改㊨Ａアラタマラス↓アラタマ　Ｂアラタマ
ＣＤアラタマラ　Ｅタマラ
-2玄㊧ＡＢＣハルカナリ　Ｅナシ
-2式㊧ＡＢＣノリ　Ｅナシ
-1仁㊨ＡＢＣナラ　Ｅシンナラ　㊧ＡＢアハレ
ミ　ＣＥナシ

247
1導Ｂ道の下に小さく亅
1範㊨Ａノリトスル（ハン右記）　ＢＣＥノリト
スル　㊧ＡＥナシ　Ｂハン　Ｃハン反
2曰㊨Ａナシ　ＢＣＥク
2匹㊧ＡＢカタシ　ＣＥナシ

○　3扣C和

3益㊧ABカハラ　CEナシ

●　4㊟子(右上下)底本脚注⑦⑧に呼とするが・ロは
記号(「真蹟集成」二、六五八頁5本文中にアリ)

4㊟而(左下)DEナシ

4敬㊧ABウヤマフ　CEナシ

5所以A上欄註記　BCDEナシ

5周㊧Aオナシフ→アマネシ　BCEナシ　D
アマネシ

6言㊨ABCハク　Eク

7易㊧ABヤク　CEナシ

7言㊨ADク　BEハク　Cイハク

○　7孰AC熟

7之A右傍補記　BCDEナシ

-7親(上)A上欄補記

-6虛C慮(「虚ィ」と左傍註記)

-5爾(上)㊧Aナンチハ　BCEナシ

-5勢㊧ABヨソオイ　CEナシ

-5競㊧ABアラソイ　CEナシ

4欲㊨Aテ→オモフ　BCEオモフ

-4爾(下)㊧Aナンチカ　BCEナシ

-3㊟域㊨ABヰキ　Cヰキ(補記)　Eナシ

-3渟E淳

-2沖DE仲

248

1謗㊧ABソシル　Cナシ　㊨Eソシル

1麾㊨Aオシマトイテ　Bオシマトイテ→オシ
マトイ　Cオシマトイ　Eマトヒテ

1邇㊨AEシヲ　Bシュヲ　Cシェヲ(エを抹
消か)

2菟ABC莵　E兎

3懦ABC懦　DE燸　㊨Bヤハラカナリ　Cヤ
ハラカニ　Eナシ　㊧Aヤハラカナリ

○　4昭C胎

4河C何(「河ィ」と左傍註記)

4亡C「亡歟」と上欄註記

5㊟天A上欄補記

5雪ABCDE雲
5嶺㊧ABミネ　CEナシ
6遇DE過
6鑿㊨Aセン→シャク　Bセン反　CEセン
7爾A右傍補記
-7指㊧Aオシフル　Bオソフ　Cオシフ反　E
ナシ
-6明A右傍補記
-1譯㊨AEス　BCヤクス　㊧ABツクリツタ
ウ　Cツクリ反ツタフ反(下欄補記)　Eナシ
249
1照B昭
2終日ABヒネモスニ　CEナシ
2踐㊨Aフミテ→フンテ　BCEフンテ
4且㊨ABCマタ　Eタン
4云㊨ABCナシ　Eク
5云㊨ABCナシ　Eク
5淤E游
5未ABC末
○
○化身土巻末

5忘㊨Aテ　BEワスレ　Cワスレテ　㊧Aワ
スレ　Bテ→ワスレ
6曰㊨ABCナシ　Eハク
7智㊨Aヲシテ　BEトシテ　Cヲシテ(ヲに
トと右記)
-6劉㊧ABタカシ　CEナシ
-6舊㊧ABフルシ　CEナシ
-4驗㊧ACEナシ　Bアキラカニ
-3疾A上欄補記
-1稔㊨子→ネイ　BCネイ　Eネン
-1穀ABC槃
-1豐㊨Aカナリ(フ右記)　BCカナリ　㊧Aユ
タカ　Bユタカ反フ反　CEナシ
250
1兵BCE丘　C「兵ィ」と上欄註記
1息ABヤム　CEナシ
1行㊨Eセ　㊧Cセ　ABナシ
3无E無(「无ィ」右記)
3机㊨Aニ(キ反右記)　BCニ　Eキニ

5郡㊧Aコホリ　Bコヲリ　CEナシ
5里㊧ABサト　CEナシ
5災㊧ABワサワイ　CEナシ
6云㊨ABCナシ　Eク
6岳㊧ABオカ　CEナシ
-7云㊨ABCナシ　Eク
-4妄ABC忌
○-3囚C因
-2於A上欄註記
-1託㊨Aタン↓タク｜　BCEタク
251 1經ABC徑
2與㊨D「トィ」と左傍註記
2符BC荷　E府
3甚㊨Aハナハタシキヲ｜　Bハナハタシキ　C
タシキ　Eタシキヲヤ
3世㊨Aヤ｜　BCヤ　Eナシ
5云㊨ACナシ　BEク
6種㊨Aショウニ｜　BCショウニ　Eナシ　㊧

Cハ↓ワレトイフ
6道㊨AEナリト　Bナリト↓ナリ　Cナリ
6朕㊧Aワレ　Bワレトイフ　コクワウナリ
Cコクワウ　ワレトイフ　Eチン↓ワレトイ
フ
-5孝E老
-5少㊨Eスクナキ　㊧Cスクナキハ　ABナシ
-4垢穢㊨ABCナシ　Eク　ヱ　㊧ABCアカ
Eナシ　ABケカレ　CEナシ
-3入流C「ニフリウセヨト也ィ」と左傍註記　㊨
ABCセヨトナリ　Eリウセヨトナリ
-1舒㊨ADEノヘタマフコトハ　BCノヘタマ
フコト
○252 2年C羊(「年ィ」と右傍註記)
2枕㊨Eシン　㊧Aマクラニ　Bマクラ　Cマ
クラ反　Eナシ
2撅㊨ABCオル　Eクヱチ　㊧Cクシク
4云(上)㊨Aナシ　BCEク

4更㊨ＡＢＣカヘテ　Ｅテ　㊧ＡＢＣマタ　Ｅ
マタ
5云(上)㊨Ａナシ　ＢＣＥク
5謂Ａ諸を謂と上欄訂記し、さらに「无欺」と上欄
註記　Ｂ「无欺」と上欄註記　Ｄナシ　Ｅ下欄補
記
5云(下)Ａヘリ　ＢＣヘリ　Ｅリ
6依Ａ上欄註記
6習㊨Ａセムト↓セヨト　ＢＣＥセヨト
-7云㊨Ａナシ　ＢＣＥク
-7祭㊨ＡＢＣサイ　Ｅセイ　㊧ＡＢＣマツリ
Ｅサイ
-7祀㊧ＡＢマツル　ＣＥナシ
-7典㊨ＡＢＣトイヘリ　Ｅテントノ下ヘリ
○-7未Ｃ末
-6方㊟文ＤＥ已上　ＡＢ又とも読める?
●-6論㊨Ａスル↓スレハ↓スルハ　ＢＣＥスレハ
-5云㊨Ａナシ　ＢＣＥク

○化身土巻末

-3塞㊨ＡＢＣキテ　Ｅフサキテ　㊧ＡＢフサク
ＣＥナシ
-3諂誑㊨ＡＢＣテン　ノ　Ｅテン　クヰヤウノ
㊧ＡＢＣヘツラフ　クルフ　Ｅナシ
-2云㊨ＡＣＤナシ　ＢＥク
-2飢曰Ａ右傍補記　㊨ＡＢク　ＣＥイフ

253

1諂誑㊨Ｅテン　クヰヤウト　㊧ＡＥナシ　Ｂ
Ｃヘツラフ　クルウ
2収Ｂ牧　Ｃ攸
3云㊨ＡＣナシ　ＢＥク
3収Ｂ牧　Ｃ攸　㊧ＡＥナシ　ＢＣオサムルナリ
4枝Ｄ扙
7源信Ａ本紙を切り抜き折り込んだ裏面に補記
7依止Ａ上欄註記
7云㊨Ａナシ　ＢＣＥク
○-5云Ｃ右傍補記　㊨ＡＢＣナシ　Ｅク
-5事(上)㊨ＡＢＣツカヘムコト　Ｅツカヘンヤ
-5事(下)㊨ＡＢＣヘムヤト　Ｅツカヘンヤ

-4教行A「教教」を「教行」と上書訂記(太く)
-4廢D癈
-3洛都㊨ABCラク　ノ　Eラク　トノ　㊧A
Bミヤコ　ミヤコ　Cミヤコ　ナシ　Eナ
シ
○-3儒林㊧ABソクカクシャウナリ　Cオトコカ
クシャウ　Eナシ
○-1㊟號後鳥羽院　DE細注は皇の次にアリ後㊨A
コ↓ノチノ　Bノチノ　Cコ　Eナシ
○254
1㊟號土御門院　DE細注は今上の次にアリ
2祖㊧ABオホチ　CEナシ
4姓A上欄補記
○4諸D緒　E緒(右記)
5㊟佐土院DE佐渡院　皇帝の次にアリ
5辛A上に「元年」とあるを抹消
6入洛㊧AEナシ　BミヤコトイフCミヤコ
ニイルトイフ
6空㊧Aナシ　BCシャウニンナリ(Cは小さ
く)　Eナシ
6居㊨ACDタマヒキ　Bヰタマヒキ　Eクラ
シ下フルコト
7申A右傍補記
7壬申㊨ABCナシ　Eミツノヘ　サル
7寅月㊧Aナシ　BCシャウクワチナリ　Eイ
ンノ
○7入滅C割注とする
-7辛㊧ABカノトノ　CEナシ
-7蒙㊨Aフテ↓フリ　BCフリ　Eテ
-6初㊨ABCソ　Eショ　㊧ABハシメ　CE
ナシ
-6題㊨ADEノ　Bノ↓タイ　Cタイノ
-4令㊨ABメタマヒキ　CEメシメタマヒキ
-3眞影㊧AEナシ　BCシャウニンノオムカタ
チ　B＋ナリ
-3以眞筆A右傍補記
-3銘㊨Aハ↓ニ　BCメイ　Eメイハ　㊧AB

メイ(シルシナリ左記)　CEナシ
-3令㊨Aナシ　BCシタマフ　Dシメタマヒキ
Eシメ下フ

255

1改㊨ABCメテ　Eアラタメテ　㊧ABアラ
タム　CEナシ
1令㊨ABCメタマヒ　Eシメ下ヒ
1旬㊧ABコロ　CEナシ
2㊟照D昭
3誠㊧ABマコト　CEナシ
6徵細注AB上欄註記　CDEナシ
-7慶㊨ABCヨロコハシイカナ(Bキをイに改
む)　Eナシ
-7誓DE誓＋之
-7法A海を法と上書訂記し、さらに法と上欄註記
○
-6佛C右傍補記
-3採㊧ABサクリ　Cサクリ反　Eサイ
-3集㊧Eシフヲ
-3導B道を導に改む(小さく寸を補記)
○化身土巻末

-3生(上)㊨ABCム　Eセン(「安楽集」去)
-2訪㊨ABCトフラヘ　Eトフライ
-2休㊨Eク　㊧ABヤム　CEナシ
-2爲A上に爲とあるを抹消
-2盡㊨ABCサムカ　Eツクサンカ　㊧Aツク
ス　BCEナシ
-1代道A上欄補記

256

1云㊨Aク↓カ　BCカ　Eフカ
2見㊨ABCテ　Eミルニ
2取㊨Aスト↓セムト　Bサフト　CDEセン
ト
-1顯淨土眞實教行證文類六　B顯淨土方便化身土
文類六
-1六DE六末　C奥書半葉が截断

著者略歴・主要論文目録

昭14・5　大阪市北区に生まれる
昭33・3　大阪府立北野高校卒業
昭33・4　京都大学文学部入学
昭37・3　京都大学文学部国語国文学科卒業
昭38・4　龍谷大学大学院仏教学科修士課程入学
昭45・3　龍谷大学大学院仏教学科博士課程単位修得

一、昭40「佛教説話の変容――酔象調伏説話について――」（『印度学仏教学研究』一四―一）
二、昭41「佛傳における誕生偈の成立過程」（『印度学仏教学研究』一五―二）
三、昭42「佛傳における龍王灌佛について」（『印度学仏教学研究』一六―一）
四、昭42「佛陀相好観の日本的変容――日本文学を通して見た――」（『仏教学研究』二四）
五、昭43「『大無量寿経』と釈尊傳」（『真宗研究』一三）
六、昭48「八相彫刻と経典の関係」（宇野順治氏との共同研究）（『印度学仏教学研究』二二―一）
七、昭51「真蹟本に見る親鸞聖人のかなの用法」（『真宗研究』二一）
八、昭55「『阿弥陀経集注』における『稱讃浄土経』文所引の意味」（『真宗研究』二五）
九、昭59「『尊号真像銘文』広本選述の意趣」（『真宗研究』二九）

十、平13「『唯信鈔文意』の書誌学的研究――流布本の特異性について――」（『真宗研究』四五）
十一、平18「親鸞聖教にみる用語上の特色――旧訳から新訳へ」（『印度学仏教学研究』五四―三）
十二、平19「宗祖晩年の教学の特色――『一念多念文意』を中心として――」（『宗学院紀要』九）
十三、平20「宗祖晩年の教学の特色――末法意識を中心として――」（『宗学院紀要』一〇）
十四、平22「宗祖晩年の教学の特色――太子信仰を中心として――」（『真宗研究』五四）
十五、平26「『教行信証』の書誌学的研究――初稿本から改定本・清書本へと――」（『真宗研究』五八）

『教行信証』の書誌学的研究

平成二十八年十一月二十五日　第一刷

著者　門川徹真

発行者　永田悟

印刷所　㈱図書印刷同朋舎

製本所　㈱吉田三誠堂

発行所　永田文昌堂
600-8342　京都市下京区花屋町通西洞院西入
電話（〇七五）三七一―六六五一番
FAX（〇七五）三五一―九〇三一番

ISBN978-4-8162-6234-0　C3015